财务会计类专业精品课程规划教材

财务管理
能力训练与测试

（第三版）

● 主编 宋小萍 李其银

苏州大学出版社
Soochow University Press

图书在版编目(CIP)数据

财务管理能力训练与测试 / 宋小萍, 李其银主编. — 3 版. — 苏州 : 苏州大学出版社, 2022.7(2025.7 重印)
ISBN 978-7-5672-3941-8

Ⅰ. ①财… Ⅱ. ①宋… ②李… Ⅲ. ①财务管理 – 高等职业教育 – 教学参考资料 Ⅳ. ①F275

中国版本图书馆 CIP 数据核字(2022)第 077650 号

财务管理能力训练与测试(第三版)
宋小萍 李其银 主编
责任编辑 薛华强

苏州大学出版社出版发行
(地址:苏州市十梓街 1 号 邮编:215006)
苏州市越洋印刷有限公司印装
(地址:苏州市吴中区南官渡路 20 号 邮编:215104)

开本 787 mm×1 092 mm 1/16 印张 9.75 字数 226 千
2022 年 7 月第 3 版 2025 年 7 月第 6 次印刷
ISBN 978-7-5672-3941-8 定价: 38.00 元

若有印装错误,本社负责调换
苏州大学出版社营销部 电话:0512-67481020
苏州大学出版社网址 http://www.sudapress.com
苏州大学出版社邮箱 sdcbs@suda.edu.cn

第三版前言

本书系与《财务管理实务》配套使用的实训教材,自出版以来,经过12年的使用,被证明是一本适合我国职业教育会计专业教学的教材。为了使本教材达到教育部国家规划教材的要求,有效提升高职学生专业技能和综合能力,我们对教材做了认真、严谨的修订。

一、修订依据

本教材的修订,依据教育部"十四五"职业教育国家规划教材编写修订标准及要求,高等职业教育同类专业的人才培养目标、专业教学标准,以及新税法、财经法规等,以本专业工学结合的人才培养模式为基础,以就业为导向,以能力为本位,以职业实践为主线,以模块化专业课程体系为编写思路,坚持立德树人的价值导向,以理论必需、够用为原则,并结合行业、企业发展和就业需求,兼顾高职会计技能大赛、专转本考试等需要,增加案例、实训、实验、实习的比例。

二、修订的主要内容

(1) 更改个别错误,充实最新前沿成果,修改案例。

(2) 改写了题目中的时间,使之更接近现实情景。

(3) 更新了能力目标,增加了思政内容;修改和更新了部分能力训练题目和要求,删除了一些已不适合的能力训练题目,兼顾了专转本考试、高职会计技能大赛及职称考试的需求。

(4) 在训练题中增加了思政元素,促进学生在做题中提升自己的思想品质。

三、说明

(1) 经过十多年的教学实践检验,证明本教材内容科学、合理,体例创新性也得到认同,所以本次修订没有在体系上再做修改。

(2) 本教材与"课程标准"的衔接较好,与企业实际财务管理岗位工作内容也能有效对接。

(3) 建立了校企合作的"财务管理实训平台",构建了实景化、立体化和递进式的实训体系,为财务管理能力的提升提供有利条件。

编 者

2022 年 7 月

CONTENTS

目录

单元一　财务管理基本理念的确立　001

模块一　认识财务管理　001
模块二　树立理财观念　005
单元一测试　018

单元二　筹资管理　023

模块一　认识筹资管理　023
模块二　预测资金需要量　025
模块三　学会资金筹集　029
模块四　运用杠杆原理　035
模块五　计算资金成本与确定资金结构　041
单元二测试　048

单元三　证券投资分析　053

模块一　认识证券投资　053
模块二　学会债券投资分析　055

  模块三 学会股票投资分析 059

  模块四 认识证券投资组合 063

  模块五 认识基金投资 067

  单元三测试 071

单元四 项目投资决策 076

  模块一 认识现金流量 076

  模块二 学会项目投资的评价与决策 080

  单元四测试 087

单元五 营运资金管理 091

  模块一 认识营运资金 091

  模块二 学会现金管理 093

  模块三 学会应收账款管理 098

  模块四 学会存货管理 102

  单元五测试 105

单元六 收入与分配管理 110

  模块一 学会营业收入管理 110

  模块二 学会利润管理 115

  单元六测试 121

单元七 财务控制与分析 126

  模块一 认识财务控制 126

  模块二 认识财务分析 128

  单元七测试 132

财务管理能力综合测试（一） 136

财务管理能力综合测试（二） 142

单元一

财务管理基本理念的确立

模块一 认识财务管理

一、训练与测试要求

能力目标

- ◆ 能认知公司资金运动
- ◆ 能掌握财务、财务管理、财务关系的基本含义
- ◆ 能理解企业的理财目标
- ◆ 能熟知企业外部理财环境对企业理财的影响
- ◆ 能掌握财务管理的功能、方法、特点
- ◆ 能掌握和运用理财的基本方法
- ◆ 能有全局观的财务理念和财务管理的规则意识
- ◆ 能成为一名有良知、有社会责任感、遵纪守法的财务人员
- ◆ 能在帮助企业谋求股东权益最大化的同时,将更多的社会责任融入企业

重点

- ◆ 对财务、财务活动和财务管理概念的领悟
- ◆ 财务关系的内容
- ◆ 对企业理财目标的领悟

难点

- ◆ 财务活动与资金运动的关系
- ◆ 企业实现理财目标的过程中存在的矛盾与协调方法
- ◆ 理财环境对企业财务活动的影响

二、公式整理

三、基本知识训练

（一）单项选择题

1. 下列指标中,容易导致企业短期行为的是(   )。
   A. 相关者利益最大化　　　　　　　B. 企业价值最大化
   C. 股东财富最大化　　　　　　　　D. 利润最大化
2. 各类公司的最终目标都是(   )。
   A. 生存　　　　B. 发展　　　　C. 盈利　　　　D. 扩张
3. 财务管理最显著的特点是,它是一种(   )管理。
   A. 使用价值　　B. 价值　　　　C. 劳动量　　　D. 实物量
4. 公司价值最大化是指(   )。
   A. 公司注册资本最大　　　　　　　B. 公司账面资产价值最大
   C. 公司净资产最大　　　　　　　　D. 公司预期的获利能力最大
5. 在市场竞争条件下,财务管理工作的核心环节是(   )。
   A. 财务预测　　B. 财务决策　　C. 财务控制　　D. 财务分析
6. (   )是财务决策所拟定的经营目标的具体化、数字化和系统化,是控制公司财务活动的依据。
   A. 财务预测　　B. 财务计划　　C. 财务控制　　D. 财务分析
7. 下列各项中,不能解决所有者与债权人之间矛盾的方式是(   )。
   A. 市场对公司强行接收或吞并　　　B. 债权人通过合同实施限制性借款
   C. 债权人停止借款　　　　　　　　D. 债权人收回借款
8. 下列各项中,属于公司狭义投资的是(   )。
   A. 购买设备　　B. 购买零部件　　C. 购买专利权　　D. 购买国库券
9. 下列各项中,(   )不属于公司筹资引起的财务活动。
   A. 偿还借款　　B. 购买国库券　　C. 支付利息　　　D. 利用应付账款
10. 公司财务关系中最为重要的财务关系是(   )。
    A. 股东与经营者之间的财务关系
    B. 股东与债权人之间的财务关系

C. 股东、经营者、债权人之间的财务关系
  D. 公司与政府、社会公众之间的财务关系
11. 各类银行、证券交易公司、保险公司等均可称为(　　)。
    A. 金融市场　　　　　　　　B. 金融机构
    C. 金融工具　　　　　　　　D. 金融对象
12. 作为公司管理的一个重要组成部分,公司财务管理研究的对象是(　　)。
    A. 货币的集中与投放　　　　B. 成本的归集与分配
    C. 资金的取得与使用　　　　D. 利润的留存与分配
13. 若公司债券利率为6%,其违约风险补偿率为2%,则同期国债利率为(　　)。
    A. 无法确定　　B. 8%　　　　C. 6%　　　　D. 4%
14. 在无风险报酬的情况下,某证券的利率为4%,纯利率为5%,则通货膨胀率为(　　)。
    A. 1%　　　　B. -1%　　　　C. -0.01%　　D. 0.1%
15. 人们把公司生产经营过程中生产经营要素的价值称为(　　)。
    A. 资金　　　　B. 物资　　　　C. 资源　　　　D. 资本金

(二) 多项选择题

1. 财务活动主要包括(　　)。
   A. 筹资活动　　B. 投资活动　　C. 资金营运活动　　D. 资金分配活动
2. 公司财务关系的主要内容有(　　)。
   A. 公司与投资者、受资者之间的财务关系
   B. 公司与债权人之间的财务关系
   C. 公司与债务人之间的财务关系
   D. 公司与经营管理者之间的财务关系
3. 公司生存面临危机的主要原因在于(　　)。
   A. 营业收入增加、成本费用增大　　B. 应收账款增加
   C. 长期亏损　　　　　　　　　　　D. 不能偿还到期债务
4. 公司资金的特点是(　　)。
   A. 处于再生产过程中
   B. 必须以货币资金形态存在
   C. 以货币资金形态或实物资金形态存在
   D. 体现实物的价值方面
5. 公司的投资可以分为广义投资和狭义投资,广义的投资包括(　　)。
   A. 固定资产投资　　　　　　B. 证券投资
   C. 对外联营投资　　　　　　D. 流动资产投资
6. 公司财务管理包括(　　)几个环节。
   A. 财务预测与决策　　　　　B. 财务计划
   C. 财务控制　　　　　　　　D. 财务分析

7. 财务管理的环境包括(　　)。
   A. 经济环境　　　B. 金融环境　　　C. 法律环境　　　D. 技术环境
8. 对公司财务管理目标的理解,主要有以下观点:(　　)。
   A. 利润最大化　　　　　　　　　B. 公司价值最大化
   C. 股东财富最大化　　　　　　　D. 相关者利益最大化
9. 资金的利率通常由(　　)三部分组成。
   A. 市场利率　　　　　　　　　　B. 纯利率
   C. 风险补偿率　　　　　　　　　D. 通货膨胀补偿率
10. 金融市场是把资金供应者和资金需求者连接起来的市场,它主要包括(　　)。
    A. 资金市场　　　B. 黄金市场　　　C. 物资市场　　　D. 外汇市场
11. 在不存在通货膨胀的情况下,利率的组成因素包括(　　)。
    A. 纯利率　　　　　　　　　　　B. 流动性风险补偿率
    C. 违约性风险补偿率　　　　　　D. 期限性风险补偿率
12. 下列有关货币市场表述正确的是(　　)。
    A. 货币市场又称为短期资金市场,它交易的对象具有较强的货币性
    B. 货币市场又称资本市场,其收益较高而流动性较差
    C. 资金借贷量较大
    D. 交易的目的主要是满足短期资金周转的需要
13. 将利润最大化作为公司理财目标的缺点是(　　)。
    A. 片面追求利润最大化,可能导致公司的短期行为
    B. 没有反映投入与产出的关系
    C. 没有考虑风险因素
    D. 没有考虑资金的时间价值
14. 将公司价值最大化作为公司理财目标的优点是(　　)。
    A. 有利于克服公司在追求利润上的短期行为
    B. 考虑了风险与收益的关系
    C. 考虑了资金的时间价值
    D. 有利于社会资源的合理配置
15. 公司财务管理的内容包括(　　)。
    A. 财务活动　　　B. 生产管理　　　C. 技术管理　　　D. 财务关系

(三) 判断题

1. 公司财务关系是指公司在资金运动中与有关各方所发生的经济利益关系。(　　)
2. 公司的财务关系中不包括公司与职工之间在劳动成果上的分配关系。(　　)
3. 有利润的公司一般不会发生因为不能偿还到期债务而破产的情形。(　　)
4. 将公司价值最大化作为公司理财目标,虽然考虑了资金的时间价值,但没有考虑投资的风险价值。(　　)
5. 在市场经济条件下,财务决策的正确与否十分重要,它关系到公司的生死存亡,因此它是公司财务管理的核心环节。(　　)

6. 公司只有在理财环境的各种因素作用下,实现财务活动的协调平衡,才能生存和发展。（　　）
7. 从资金的供求关系看,利率是一定时期取得资金使用权所需支付的价格。（　　）
8. 财务管理区别于其他管理的最根本特征是:它是一种价值管理。（　　）
9. 在协调所有者与经营者矛盾的方法中,接收是一种通过所有者来约束经营者的方法。（　　）
10. 企业的社会责任是企业在谋求所有者权益最大化之外所承担的维护和增进社会利益的义务,一般划分为企业对社会公益的责任和对债权人的责任两大类。（　　）

模块二　树立理财观念

一、训练与测试要求

能力目标

- ◆ 会计算各个方案的资金时间价值
- ◆ 能根据计算出的各个方案的资金时间价值,灵活地做出财务决策
- ◆ 能将名义利率换算成企业实际利率
- ◆ 能正确计算与衡量投资的风险,做出正确的财务决策
- ◆ 能熟练运用插值法,得出计算、分析结果
- ◆ 能树立正确的资金时间价值观、财富观和风险意识

重点

- ◆ 资金时间价值的计算方法及应用
- ◆ 风险价值的计算与衡量

难点

- ◆ 递延年金现值的计算
- ◆ 资金时间价值在实际经济生活中的应用
- ◆ 名义利率与实际利率的换算
- ◆ 试误法和插值法的应用

二、公式整理

三、基本知识训练

(一) 单项选择题

1. 一定时期内每期期初等额收付的系列款项称为(　　)。
   A. 普通年金　　　　　　　　　　B. 预付年金
   C. 递延年金　　　　　　　　　　D. 永续年金

2. 下列选项属于单利计算公式的是(　　)。
   A. $P \times [(1+i)^n - 1]$　　　　　　B. $F \times (1+i)^{n-1}$
   C. $P \times i \times n$　　　　　　　　　　D. $A \times \left[\dfrac{(1+i)^{n+1}}{i} - 1\right]$

3. 在计算预付年金终值时,应采用下列公式中的(　　)。
   A. $F = A \times (F/A, i, n)$　　　　　　B. $F = A \times [(F/A, i, n+1) - 1]$
   C. $F = A \times [(F/A, i, n-1) + 1]$　　D. $F = A \times (F/A, i, n+1)(1+i)$

4. 某人年初存入银行1 000元,假设银行按每年10%的复利计息,每年年末提出200元,则最后一次能够一次足额(200元)提款的时间是(　　)。
   A. 第6年年末　　　　　　　　　B. 第7年年末
   C. 第8年年末　　　　　　　　　D. 第9年年末

5. 某公司想建立一项永久性的帮困基金,每年计划拿出500万元帮助本单位的特困职工家庭和社会特困家庭。如果目前银行利率为8%,那么公司应存入的本金是(　　)。
   A. 1 000万元　　B. 100万元　　C. 225万元　　D. 6 250万元

6. 资金时间价值是指(　　)。
   A. 资金经过投资后所增加的价值
   B. 没有通货膨胀情况下的社会平均资金利润率
   C. 没有通货膨胀情况和风险条件下的社会平均资金利润率
   D. 没有通货膨胀情况下的利率

7. 下列项目中的(　　)称为预付年金。
   A. 后付年金　　B. 先付年金　　C. 永续年金　　D. 递延年金

8. 某公司购买一台设备,现有甲、乙两个付款方案,甲方案是在今后3年中每年年初付款100万元,乙方案是在今后3年中每年年末付款100万元,假设银行的利率为10%,则两个方案在第3年年末的终值将相差(   )万元。
   A. 33.1   B. 31.3   C. 133.1   D. 13.31

9. 一项500万元的借款,借款期5年,年利率为8%,若每半年复利一次,则年实际利率会高出名义利率(   )。
   A. 4%   B. 0.24%   C. 0.16%   D. 0.8%

10. 递延年金的终值大小,与(   )无关。
    A. 本金   B. 利率   C. 递延期   D. 期数

11. 某种行为的不确定性称为(   )。
    A. 风险   B. 报酬   C. 概率   D. 期望值

12. 在期望值相同的情况下,标准离差越大的方案,其风险(   )。
    A. 越大   B. 越小   C. 二者无关   D. 无法判断

13. 多个方案比较,标准离差率越小的方案,其风险(   )。
    A. 越大   B. 越小   C. 二者无关   D. 无法判断

14. 下列关于经营风险的表述正确的是(   )。
    A. 只与公司内部因素有关,与外部因素无关
    B. 是因借款而带来的风险
    C. 通过公司经营者的努力,可完全避免
    D. 是生产经营上的不确定性带来的风险

15. 当投资方案的预期投资收益率等于无风险收益率时,风险报酬系数应(   )。
    A. 大于1   B. 等于1   C. 小于1   D. 等于0

16. 现有甲、乙两个投资项目,已知甲、乙方案的期望值分别为20%、28%,标准差分别为40%、55%,那么(   )。
    A. 甲项目的风险程度大于乙项目的风险程度
    B. 甲项目的风险程度小于乙项目的风险程度
    C. 甲项目的风险程度等于乙项目的风险程度
    D. 不能确定

17. 可通过投资多样化来分散的风险是(   )。
    A. 系统性风险   B. 总风险
    C. 非系统性风险   D. 市场风险

18. 用于比较不同方案的风险程度的指标是(   )。
    A. 期望值   B. 平方差   C. 标准差   D. 标准离差率

19. 在实际工作中,人们通常用(   )来表示资金时间价值。
    A. 相对数   B. 绝对数   C. 平均数   D. 指数

20. 如果公司购买的债券每半年复利一次,那么债券的实际利率(   )。
    A. 低于名义利率   B. 是名义利率的2倍
    C. 高出名义利率   D. 是名义利率的50%

(二) 多项选择题

1. 下列表述正确的有(　　)。
   A. 在利率大于零、计息期一定的情况下,年金现值系数一定都大于1
   B. 在利率大于零、计息期一定的情况下,年金终值系数一定都大于1
   C. 在利率大于零、计息期一定的情况下,复利终值系数一定都大于1
   D. 在利率大于零、计息期一定的情况下,复利现值系数一定都小于1

2. 预付年金终值系数可用普通年金终值系数经过(　　)而得到。
   A. 期数加1　　　B. 系数减1　　　C. 期数减1　　　D. 系数加1

3. 下列关于年金的表述正确的有(　　)。
   A. 年金既有终值又有现值
   B. 递延年金是第一次收付款项发生的时间在第二期或第二期以后的年金
   C. 永续年金是特殊形式的普通年金
   D. 永续年金是特殊形式的即付年金

4. 递延年金具有如下特点:(　　)。
   A. 年金的第一次支付发生在若干期之后　　B. 没有终值
   C. 计算现值的方法与普通年金相同　　　　D. 年金的终值与递延期无关

5. 某公司计划购置一幢厂房,付款条件是从第二年开始,每年年末支付20万元,连续支付10年,假如银行利率为6%,其折现的模式为(　　)。
   A. $20 \times [(P/A, 6\%, 11) - (P/A, 6\%, 2)]$
   B. $20 \times [(P/A, 6\%, 13) - (P/A, 6\%, 3)]$
   C. $20 \times [(P/A, 6\%, 11) - (P/A, 6\%, 1)]$
   D. $20 \times [(P/A, 6\%, 10)(P/F, 6\%, 2)]$
   E. $20 \times [(P/A, 6\%, 10)(P/F, 6\%, 1)]$

6. 对于资金时间价值含义的理解,下列表述正确的有(　　)。
   A. 货币只有经过投资和再投资才会增值,不投入生产经营过程的货币不会增值
   B. 一般情况下,资金的时间价值应按复利方式来计算
   C. 资金时间价值不是时间的产物,而是劳动的产物
   D. 不同时期的收支不宜直接进行比较,只有把它们换算到相同的时间基础上,才能进行大小的比较和比率的计算

7. 永续年金具有以下特点:(　　)。
   A. 没有终值　　　　　　　　　　B. 没有期限
   C. 每期等额支付　　　　　　　　D. 每期不等额支付

8. 计算普通年金终值所必需的资料有(　　)。
   A. 年金　　　B. 期数　　　C. 利率　　　D. 现值

9. 下列符合年金概念的有(　　)。
   A. 采用加速折旧法计提的各年折旧　　B. 租金
   C. 保险费　　　　　　　　　　　　　　D. 养老金

10. 年金按照收付款项发生时间的不同,可分为( )。
    A. 普通年金   B. 永续年金   C. 预付年金   D. 递延年金
11. 在财务管理中,衡量投资风险大小的指标有( )。
    A. 期望值   B. 标准离差   C. 标准离差率   D. 概率分布
12. 下列属于市场风险的有( )。
    A. 利率的变化   B. 产品开发失败
    C. 战争   D. 销售份额下降
13. 下列有关标准离差的说法正确的有( )。
    A. 在期望值相同的情况下,标准离差越大,风险程度也越大
    B. 标准离差只适用于期望值相同的决策方案的风险程度比较
    C. 标准离差率是标准离差对期望值的比例
    D. 标准离差是反映不同风险条件下的预期收益与期望收益之间的相差程度
14. 下列说法不正确的有( )。
    A. 风险越大,投资获取的收益就越高
    B. 风险越大,损失越大
    C. 风险是客观存在的,投资者只能被动接受并承担风险
    D. 由于通货膨胀而给公司带来的风险为财务风险
15. 风险按能否分散,可分为( )。
    A. 系统风险   B. 非系统风险   C. 经营风险   D. 财务风险

(三) 判断题

1. 在利率和利息期数相同的条件下,复利终值系数与复利现值系数互为倒数。( )
2. 普通年金现值系数减1等于同期、同利率的预付年金现值系数。( )
3. 凡不是从第一期开始的普通年金都称为递延年金。( )
4. 永续年金与其他年金不一样,它只有现值没有终值。( )
5. 若使复利终值经过4年后变为本金的2倍,每半年计息一次,则其年利率应为18.1%。( )
6. 年金是指每隔一年、金额相等的一系列收入款项或付出款项。( )
7. 计算递延年金终值的方法,与普通年金的方法一致。( )
8. 在利率大于零、计息期一定的情况下,年金现值系数大于1。( )
9. 在实践中,风险与不确定性难以区分,一般对二者不做区分,而所谓风险则更多的是指不确定性。( )
10. 风险管理不等于回避风险。( )
11. 市场风险是指市场收益率整体变化所引起的市场上所有资产的收益率的变动性,它是影响所有资产的风险,因而不能被分散掉。( )
12. 概率分布必须符合两个条件:一是所有的概率分布值都小于1,二是所有结果的概率之和等于1。( )
13. 风险本身可能带来超出预期的收益,也可能带来超出预期的损失。( )

四、基本能力训练

基本能力训练一
资料 某人希望 5 年后获得 10 000 元本利,假设银行利率为 5%。
要求 根据上述资料,计算此人现在应存入银行多少资金。

基本能力训练二
资料 某人现存入银行 10 000 元,假设年利率为 16%,每季度复利一次。
要求 根据上述资料,计算此人 2 年后能取得多少本利和。

基本能力训练三
资料 某人在 5 年后要偿还一笔 50 000 元的债务,银行利率为 5%。
要求 根据上述资料,计算此人为归还这笔债务,每年年末应存入银行多少元。

基本能力训练四
资料 某人购入一套商品房,须向银行按揭贷款 100 万元,准备 20 年内于每年年末等额偿还,银行贷款利率为 5%。
要求 根据上述资料,计算此人每年应归还多少元。

基本能力训练五

资料 某人希望每年年末取得 10 000 元,连续取得 5 年,银行利率为 5%。

要求 根据上述资料,计算此人第一年年初应一次存入银行多少元。

基本能力训练六

资料 公司现在存入现金 10 000 元,经过 10 年后,原来存入的现金 10 000 元变成了 20 600 元。

要求 计算银行的年利率。

基本能力训练七

资料 某人现在存入一笔钱,想使这笔钱经过 5 年后变为本金的 2 倍,如果银行每半年复利一次。

要求 计算银行的年利率。

基本能力训练八

资料 某人准备通过零存整取方式在 5 年后获得 20 000 元,年利率为 10%。

要求 (1) 计算每年年末应向银行存入多少钱。

(2) 计算每年年初应向银行存入多少钱。

基本能力训练九
资料 某人存入 1 000 元,存期 3 年,假设银行利率为 12%。
要求 （1）计算如果银行每年复利一次,则 3 年后此人可得多少钱。
（2）计算如果银行每半年复利一次,则 3 年后此人可得多少钱。
（3）计算如果银行每季度复利一次,则 3 年后此人可得多少钱。
（4）计算如果银行每月复利一次,则 3 年后此人可得多少钱。

基本能力训练十
资料 如果你存 10 000 元到银行的活期储蓄存款户头,活期储蓄利率为 5%,每半年计息一次。
要求 根据上述资料,计算 2 年后你的存款户头上有多少钱,实际年利率又是多少。

基本能力训练十一
资料 某基金会准备在第 5 年年底获得 2 000 万元,年利率为 12%,每季度计息一次。
要求 根据上述资料,计算该基金会现在应存入多少钱。

基本能力训练十二

资料 已知下列各种数值：

(1) 某人存入现金100元到银行，假如银行的年利率为8%，一年复利一次；

(2) 某人存入现金100元到银行，假如银行的年利率为8%，每3个月复利一次；

(3) 如果年利率为10%，一年复利一次；

(4) 如果年利率为12%，每半年复利一次；

(5) 若要使复利终值经过8年后变为本金的3倍，每季复利一次；

(6) 年利率为12%，每月复利一次。

要求 根据上述资料(1)，计算到第6年年末此人能取出多少钱。

根据上述资料(2)，计算到第10年年末此人能取出多少钱。

根据上述资料(3)，计算8年后的100元其复利现值为多少。

根据上述资料(4)，计算20年后的100元其复利现值为多少。

根据上述资料(5)，计算银行的年利率。

根据上述资料(6)，计算其实际利率。

基本能力训练十三

资料 某公司资金情况的计算分析如下：

(1) 公司准备设立科研基金，计划以其每年的利息50万元用作科研奖励支出，如果银行利率为5%；

(2) 公司的某一品牌商标能为公司每年带来20万元的超额收益，假如市场上无风险资金利润率为4%。

要求 (1) 计算该项基金的最小规模。

(2) 计算该项商标的现在价格。

基本能力训练十四

资料 某公司于第 1 年年初借款 20 000 元,每年年末还本付息额均为 4 000 元,连续 9 年还清。

要求 根据上述资料,计算该项借款的利率。

基本能力训练十五

资料 某公司向银行借款 1 000 元,年利率为 16%,按季计息。

要求 根据上述资料,求该公司的实际年利率。

基本能力训练十六

资料 某人打算现存入银行一笔款项,计划从第 6 年年末起每年末从银行提取现金 50 000 元,连续 8 年,银行存款的年利率为 6%。

要求 根据上述资料,计算此人现在需要存入多少钱。

基本能力训练十七

资料 李丽打算今年退休,公司决定要么给她一笔退休金共 50 000 元,要么每年年初给她 6 000 元,直到她去世。她现在身体挺好,至少还能生活 15 年。如果银行年利率是 8%。

要求 根据上述资料,分析李丽选择哪一种方式领取退休金对自己有利。

基本能力训练十八

资料 某人现在存入 2 000 元,想在 5 年后能得到本利和 3 200 元。

要求 根据上述资料,求存款利率。

基本能力训练十九

资料 某公司有甲、乙两个投资方案,投资额均为 10 000 元,其收益的概率分布如下:

市场情况	概率(P_i)	收益(X_i)	
		甲方案/万元	乙方案/万元
繁荣	0.2	600	700
一般	0.6	500	500
较差	0.2	400	300

要求 (1)求出两个方案的期望收益值、标准离差和标准离差率。

(2)评价这两个方案。

基本能力训练二十

资料 某公司现有 A、B 两个投资项目,有关收益及概率分布情况如下:

市场情况	A 项目		B 项目	
	预期收益率/%	概率	预期收益率/%	概率
繁荣	6	0.2	8	0.3
一般	5	0.6	4	0.5
衰退	3	0.2	3	0.2

要求 (1) 分别计算 A、B 两个项目预期收益率的期望值、标准离差和标准离差率。
(2) 分析比较 A、B 两个项目的风险大小。

五、综合能力训练

综合能力训练一

资料 小张准备为刚上初中的孩子积攒一笔读大学的学杂费,打算在今后 6 年内每年年初存入银行 6 000 元,当前银行存款的年利率为 6%。如果孩子今后每年上大学的费用为 10 000 元,四年总费用为 40 000 元。

要求 计算第 6 年年末小张从银行取出的本利和,判断其能否满足孩子读四年大学的费用需要。

综合能力训练二

资料 假如某公司按年利率6%计算,已知下列各项资料:
(1) 每半年复利一次,公司存入 3 000 元,要使若干年后该公司账户款项余额增至 4 500 元。
(2) 该公司现在借支 75 000 元,想在今后 10 年中每年偿还借款。
(3) 该公司对一台设备感兴趣,现付设备价款 30 000 元,今后 5 年每年支付 10 000 元。

要求 根据上述资料:
(1) 计算分析需要多少年该公司账户款项余额才能增至 4 500 元。
(2) 计算分析该公司每年须存入多少钱才能满足偿还的需要。
(3) 计算这台设备的现价。

综合能力训练三

资料 某人拟购买一套别墅,假设银行利率为10%,房产商提供两种付款方案:
(1) 从现在起每年年初支付 20 万元,连续支付 10 次,共 200 万元。
(2) 从第 5 年开始,每年年初支付 25 万元,连续支付 10 次,共 250 万元。

要求 试帮助此人分析,选择哪一种付款方案对自己有利。

综合能力训练四

资料 某公司购置一套设备,价值 100 万元,有下面几种归还贷款的方式可供选择:
(1) 购买当时一次付清 100 万元;
(2) 分 5 年付款,每年付 24 万元;
(3) 第 5 年年末一次付款 120 万元;
(4) 从第 3 年年末起每年付 40 万元,连续付 3 年。
假设年利率为 8%。

要求 分析公司选择哪一种付款方案对自己有利。

综合能力训练五

资料　某公司有 A、B、C 三只股票可投资,每只股票都可能遭遇景气、一般和萧条三种股市行情,各只股票的预期收益率及概率情况如下:

股　票	条件	概率	预期收益率/%	风险报酬系数/%
A	景气	0.3	20	45
A	一般	0.5	10	45
A	萧条	0.2	−6	45
B	景气	0.3	15	30
B	一般	0.5	7	30
B	萧条	0.2	−2	30
C	景气	0.3	14	50
C	一般	0.5	12	50
C	萧条	0.2	10	50

要求　(1) 计算三只股票的期望收益率、标准差系数、风险报酬率。

　　　　(2) 分析它们的风险大小。

单元一测试

一、单项选择题(每题 1 分,共 10 分)

1. 企业财务是指企业再生产过程中客观存在的(　　)及其所体现的经济利益关系。
   　　A. 经营活动　　　　B. 资金运动　　　　C. 财务活动　　　　D. 筹资活动
2. 在市场经济条件下,财务管理的核心是(　　)。
   　　A. 财务预测　　　　B. 财务决策　　　　C. 财务预算　　　　D. 财务控制

3. 已知一项存款的年利率为8%,每3个月复利一次,那么其实际利率为(　　)。
   A. 8.24%　　　　　B. 8%　　　　　C. 11.10%　　　　　D. 7.26%
4. (　　)持续期无限,没有终止的时间,因此没有终值,只有现值。
   A. 普通年金　　　B. 预付年金　　　C. 递延年金　　　D. 永续年金
5. 下列不属于协调所有者与经营者之间矛盾方法的是(　　)。
   A. 解聘　　　　　　　　　　　　　B. 收购
   C. 限制性借款　　　　　　　　　　D. 建立激励机制
6. 某企业向银行存入一笔款项,准备在今后5年中每年年末得25 000元,银行利率为8%,则该企业目前应该存入(　　)元。
   A. 99 817.5　　　B. 143 665　　　C. 17 015　　　D. 36 732.5
7. 企业价值最大化目标强调的是(　　)。
   A. 每股收益　　　　　　　　　　　B. 实际利润
   C. 预期获利能力　　　　　　　　　D. 实际利润率
8. 某公司建立职工奖励基金,现在拟存一笔资金,为以后能无限期地在每年年末支取50 000元。假设年利率为10%,那么现在应存款(　　)元。
   A. 550 000　　　B. 600 000　　　C. 500 000　　　D. 650 000
9. 由企业资金运动体现的有关方面的经济利益关系称为(　　)。
   A. 财务活动　　　B. 财务管理　　　C. 财务监督　　　D. 财务关系
10. 没有风险和通货膨胀情况下的利率是指(　　)。
    A. 纯利率　　　　B. 固定利率　　　C. 市场利率　　　D. 法定利率

二、多项选择题(每题2分,共20分)

1. 在金融市场上,决定利率的因素有(　　)。
   A. 纯利率　　　B. 风险报酬率　　　C. 通货膨胀率　　　D. 借款年利率
2. 企业的财务活动分为(　　)。
   A. 资金筹集　　　B. 资金投放　　　C. 资金运营　　　D. 资金分配
3. 下列对递延年金分析正确的是(　　)。
   A. 递延年金终值的大小与递延期无关
   B. 递延年金终值的计算方法和普通年金终值相同
   C. 递延年金是在第一期以后的某一期开始发生的款项
   D. 递延年金只有终值,没有现值
4. 财务管理中,企业主要的理财环境是(　　)。
   A. 经济环境　　　　　　　　　　　B. 法律环境
   C. 体制环境　　　　　　　　　　　D. 金融环境
5. 年金按收付款项发生的时间不同分为(　　)。
   A. 普通年金　　　B. 预付年金　　　C. 递延年金　　　D. 永续年金
6. 资金的利率通常由(　　)三部分组成。
   A. 市场利率　　　　　　　　　　　B. 纯利率
   C. 风险补偿率　　　　　　　　　　D. 通货膨胀补偿率

7. 下列属于企业资金运营活动的有(　　)。
   A. 采购原材料　　　B. 销售商品　　　C. 购买国库券　　　D. 支付利息
8. 下列经济行为,不属于企业投资活动的有(　　)。
   A. 企业购置无形资产　　　　　　B. 企业提取盈余公积金
   C. 支付利息　　　　　　　　　　D. 企业购买股票
9. 下列(　　)属于企业购销商品或接受、提供劳务形成的财务关系。
   A. 企业与供应商之间的财务关系　　B. 企业与债务人之间的财务关系
   C. 企业与客户之间的财务关系　　　D. 企业与受资者之间的财务关系
10. 公司财务管理的内容包括(　　)。
    A. 财务活动　　　　　　　　　　B. 生产管理
    C. 技术管理　　　　　　　　　　D. 财务关系

三、判断题(每题1分,共10分)

1. 在利率和利息期数相同的条件下,年金终值系数与年金现值系数互为倒数。(　)
2. 普通年金终值系数加1等于同期、同利率的预付年金终值系数。(　)
3. 凡是从第二期开始的普通年金都称为递延年金。(　)
4. 永续年金与其他年金一样,它既有现值又有终值。(　)
5. 风险管理就是回避风险。(　)
6. 风险本身可能带来超出预期的损益。(　)
7. 财务管理触角宽泛,涉及企业生产经营的各个方面。(　)
8. 从资金的供求关系看,利率是一定时期取得资金所有权所需支付的价格。(　)
9. 有利润的企业一般不会发生因为不能偿还到期债务而破产的情形。(　)
10. 将相关者利益最大化作为企业财务管理目标,体现了多赢的价值理念,有利于实现企业经济效益和社会效益的统一。(　)

四、计算分析题(共60分)

1. 求利率为13%、期数为6的复利终值系数、复利现值系数。(共8分)

2. 求下面的式子:① $(1+2\%)^{28}$;② $\dfrac{1}{(1+3\%)^{32}}$。(共8分)

3. 北方公司向银行借款 1 000 元,年利率为 16%。按季复利计算,试计算其实际年利率。(共 8 分)

4. 王红拟购房,开发商提出两种方案,一是现在一次性付 80 万元,另一方案是 5 年后付 100 万元。若目前的银行贷款利率是 7%,应如何付款?(共 6 分)

5. 某人拟购房,开发商提出两种方案,一是现在一次性付 80 万元,另一方案是从现在起每年年初付 20 万元,连续支付 5 年。若目前的银行贷款利率是 7%,应如何付款?(共 6 分)

6. W 项目于 2017 年年初动工,由于施工延期 5 年,于 2022 年年初投产,从投产之日起每年年末得到收益 40 000 元,共可获得 10 年收益。按年利率 6% 计算,则到第 10 年末的总收益相当于 2017 年年初的现值是多少?(共 8 分)

7. 某项永久性奖学金,每年计划颁发 50 000 元奖金。若年复利率为 8%,该奖学金的本金应为多少元?（共 6 分）

8. A、B 两个投资项目,投资额均为 1 000 万元,其收益的概率分布为:

市场情况	概率	A 项目收益额/万元	B 项目收益额/万元
销售好	0.2	2 000	3 000
销售一般	0.5	1 000	1 000
销售差	0.3	500	−500

要求　（1）计算两个项目的期望值。（共 4 分）
　　　　（2）计算两个项目的标准离差。（共 4 分）
　　　　（3）计算两个项目的标准离差率。（共 2 分）

单元二

筹资管理

模块一 认识筹资管理

一、训练与测试要求

基本能力目标

- ◆ 能认知筹资的含义、分类
- ◆ 能理解筹资管理的原则
- ◆ 能熟悉筹资的分类
- ◆ 能理解筹资渠道和筹资方式
- ◆ 能运用筹资方式筹集所需资金
- ◆ 能端正筹资认知,树立筹资中的法治意识
- ◆ 能懂得筹资中的责任感和使命感

重点

- ◆ 对企业筹资概念的领悟
- ◆ 企业筹资的分类
- ◆ 对筹资管理基本原则的领悟
- ◆ 企业筹资渠道与方式的分类

难点

- ◆ 企业筹资的分类
- ◆ 企业筹资渠道和方式的分类

二、公式整理

三、基本知识训练

（一）单项选择题

1. 筹资按资金的来源范围不同,分为(　　)。
   A. 股权筹资和债权筹资　　　　　B. 内部筹资和外部筹资
   C. 直接筹资和间接筹资　　　　　D. 长期筹资和短期筹资
2. 下列属于权益资金筹资方式的是(　　)。
   A. 利用商业信用　　　　　　　　B. 发行公司债券
   C. 融资租赁　　　　　　　　　　D. 发行股票
3. 商业信用是指商品交易中以延期付款或预收货款方式进行购销活动而形成的(　　)。
   A. 买卖关系　　　　　　　　　　B. 信用关系
   C. 票据关系　　　　　　　　　　D. 借贷关系
4. 下列筹资方式中,属于间接筹资方式的是(　　)。
   A. 融资租赁　　　　　　　　　　B. 发行股票
   C. 发行债券　　　　　　　　　　D. 吸收直接投资
5. 以下对普通股筹资优点的叙述中,不正确的是(　　)。
   A. 具有永久性,无须偿还　　　　B. 无固定的利息负担
   C. 资金成本较低　　　　　　　　D. 能增强公司的举债能力
6. 在下列各项中,不属于商业信用融资内容的是(　　)。
   A. 赊购商品　　　　　　　　　　B. 预收货款
   C. 办理应收票据贴现　　　　　　D. 用商业汇票购货

（二）多项选择题

1. 筹资管理的原则主要有(　　)。
   A. 效益性原则　　　　　　　　　B. 最佳时机原则
   C. 适度规模原则　　　　　　　　D. 合法性原则

2. 目前我国筹集权益资金的方式主要有(　　)。
   A. 吸收直接投资　　　　　　　　B. 发行股票
   C. 利用留存收益　　　　　　　　D. 商业信用
3. 目前我国筹集负债资金的方式主要有(　　)。
   A. 吸收直接投资　　　　　　　　B. 发行债券
   C. 银行借款　　　　　　　　　　D. 融资租赁
4. 企业筹资的渠道包括(　　)。
   A. 企业自留资金　　　　　　　　B. 国家财政资金
   C. 银行信贷资金　　　　　　　　D. 非银行金融机构资金
5. 与借款筹资方式相比,融资租赁筹资的优点有(　　)。
   A. 无须还本　　　　　　　　　　B. 筹资限制少
   C. 财务风险小　　　　　　　　　D. 筹资速度快

(三) 判断题

1. 我国公司目前最常见的混合融资是可转换债券融资。　　　　　　　　　(　　)
2. 直接筹资是企业借助银行等金融机构融通资金的筹资活动。　　　　　　(　　)
3. 债务筹资的风险较小,资金成本相对较低。　　　　　　　　　　　　　(　　)
4. 企业筹资时首先应利用内部筹资,然后再考虑外部筹资。　　　　　　　(　　)
5. 信托投资公司属于银行金融机构。　　　　　　　　　　　　　　　　　(　　)
6. 一定的筹资方式可能只适用于某一特定的渠道,而同一渠道的资金也往往只采取相同的筹资方式取得。　　　　　　　　　　　　　　　　　　　　　　　　　　(　　)

模块二　预测资金需要量

一、训练与测试要求

基本能力目标

◆ 能认知资金需要量定性预测
◆ 能正确运用销售百分比法和资金习性预测法
◆ 能正确计算不同财务环境下的资金需要量

重点

- ◆ 销售百分比法的应用
- ◆ 资金习性预测法的应用

难点

- ◆ 敏感项目的划分
- ◆ 资金按习性的分类
- ◆ 回归直线法的公式运用

二、公式整理

三、基本知识训练

（一）单项选择题

1. 采用销售百分比法预测资金需要量时，下列项目被视为不随销售收入变动而变动的是(　　)。
   A. 现金　　　　　B. 应付账款　　　　C. 存货　　　　　D. 公司债券

2. 在财务管理中，将资金划分为变动资金与不变资金两部分，并据以预测企业未来资金需要量的方法称为(　　)。
   A. 定性预测法　　　　　　　　　　B. 比率测算法
   C. 资金习性预测法　　　　　　　　D. 成本习性预测法

3. 某企业 2021 年年末敏感资产总额为 4 000 万元，敏感负债总额为 2 000 万元，该企业预计 2022 年度的销售额比 2021 年度增加 10%，预计 2022 年度留存收益的增加额为 50 万元，则该企业 2022 年度应追加资金量为(　　)万元。
   A. 0　　　　　　B. 2 000　　　　　C. 1 950　　　　　D. 150

(二) 多项选择题

1. 敏感项目包括( )。
   A. 现金　　　　　B. 应收账款　　　　C. 存货　　　　　D. 应付账款
2. 以下属于不变资金的是( )。
   A. 为维持经营而占用的最低数额的现金　　B. 固定资产占用的资金
   C. 必要的成品储备　　　　　　　　　　　D. 直接构成产品实体的原材料
3. 定性预测法的缺点有( )。
   A. 依靠个人经验判断,不科学
   B. 准确性较差
   C. 不能揭示资金需求量与有关因素之间的数量关系
   D. 缺乏客观依据
4. 根据资金习性分项预测法,下列选项一般随着销售额而变动的有( )。
   A. 现金　　　　　B. 存货　　　　　　C. 应收账款　　　D. 固定资产

(三) 判断题

1. 资金习性指的是资金变动与产销量变动之间的依存关系。( )
2. 预测资金需要量时在缺乏完整的历史资料的情况下常使用定性预测法,预测结果的准确性较高。( )
3. 企业按照销售百分比法预测的资金需要量,是企业在未来一定时期资金需要量的增量。( )
4. 为维持营业而占用的最低数额的现金属于变动资金。( )
5. 金额随销售收入自动成正比例增减变动的项目叫敏感项目。( )

四、基本能力训练

基本能力训练一

资料　某企业2021年实际销售收入为3 000万元。2021年资产负债表及其敏感项目与销售收入的比率关系如下所示:

项　　目	金额/万元	占销售收入的百分比/%
资产:		
货币资金	24	0.8
应收账款	438	14.6
存货	540	18
预付账款	23	0.767
固定资产	975	32.5
资产总额	2 000	66.667

续表

项目	金额/万元	占销售收入的百分比/%
负债与所有者权益：		
应付票据	65	—
应付账款	312	10.40
应付费用	72	2.40
长期负债	611	—
负债合计	1 060	12.80
实收资金	450	—
留用利润	490	—
所有者权益合计	940	—
负债及所有者权益总额	2 000	—

2022年该企业预计销售收入为3 450万元,预计利润为201万元,所得税税率为25%,税后利润留存比例为50%。

要求 采用销售百分比法计算2022年的外部筹资额。

基本能力训练二

资料 基础资料同能力训练一,假设目前该企业尚有剩余能力,不需要进行固定资产方面的投资。

要求 采用销售百分比法计算外部筹资额。

五、综合能力训练

资料 南方公司2017—2021年产销量与资金变化情况如下所示：

年份	产销量/万件	资金占用量/万元
2017	15	200
2018	25	220
2019	40	250
2020	35	240
2021	55	280

要求 用高低点法和回归直线法,预计 2022 年当产销量达到 90 万件时的资金需要量。

模块三 学会资金筹集

一、训练与测试要求

基本能力目标

- ◆ 能认知投资者权益的含义、资金的构成及管理
- ◆ 能理解短期资金筹集的方式、商业信用的形式
- ◆ 会正确进行短期资金筹集及其利息计算
- ◆ 能理解长期借款的筹集
- ◆ 会运用资金时间价值计算债券发行价格,对债券筹集进行合理评价
- ◆ 能理解融资租赁的筹集
- ◆ 能建立筹资中底线思维和创新意识

重点

- ◆ 短期借款实际利率的计算
- ◆ 放弃现金折扣成本的计算
- ◆ 债券发行价格的计算
- ◆ 融资租赁租金的计算
- ◆ 评价各种筹资方式的优缺点

难点

- ◆ 比较各种筹集方式的优缺点并进行组合
- ◆ 银行借款名义利率与实际利率换算及利息计算
- ◆ 放弃现金折扣成本计算的实际运用

二、公式整理

三、基本知识训练

（一）单项选择题

1. 以下对普通股筹资优点的叙述中，不正确的是（　　）。
   A. 具有永久性，无须偿还　　　　　　B. 无固定的股息负担
   C. 资金成本较低　　　　　　　　　　D. 能增强公司的社会信誉
2. 相对于发行股票而言，发行公司债券筹资的优点是（　　）。
   A. 筹资风险小　　B. 限制条款少　　C. 筹资额度大　　D. 资金成本低
3. 相对于负债融资方式而言，采用吸收直接投资方式筹措资金的优点是（　　）。
   A. 有利于降低资金成本　　　　　　　B. 有利于集中企业控制权
   C. 有利于降低财务风险　　　　　　　D. 有利于发挥财务杠杆作用
4. 银行借款筹资与发行债券筹资相比，其特点是（　　）。
   A. 利息能抵税　　　　　　　　　　　B. 筹资灵活性大
   C. 筹资费用大　　　　　　　　　　　D. 债务利息高
5. 某公司拟发行 5 年期分期付息的债券进行筹资，债券票面金额为 100 元，票面利率为 10%，当时市场利率为 10%，那么，该公司债券发行价格应为（　　）元。
   A. 80　　　　　　B. 90　　　　　　C. 100　　　　　D. 110
6. 在下列各项中，不属于商业信用融资内容的是（　　）。
   A. 赊购商品　　　　　　　　　　　　B. 预收货款
   C. 办理应收票据贴现　　　　　　　　D. 用商业汇票购货
7. 某企业需借入资金 300 万元，由于银行要求将贷款数额的 20% 作为补偿性余额，故企业需向银行申请的贷款数额为（　　）万元。
   A. 600　　　　　B. 375　　　　　C. 750　　　　　D. 672
8. 某企业按年利率 10% 向银行借款 20 万元，银行要求保留 20% 的补偿性余额，那么，企业该项借款的实际利率为（　　）。
   A. 10%　　　　　B. 12%　　　　　C. 20%　　　　　D. 12.5%
9. 某周转信贷协议额度 300 万元，承诺费率为 0.5%，借款企业年度内使用了 250 万

元,尚未使用的余额为50万元,则企业应向银行支付的承诺费用为( )。
　　A. 3 000元　　B. 3 500元　　C. 2 500元　　D. 15 000元
10. 某企业按"2/10,N/30"条件购进商品20 000元,若放弃现金折扣,则其资金的机会成本率为( )。
　　A. 36.4%　　B. 36.7%　　C. 28.4%　　D. 18.45%
11. 相对于股票筹资而言,银行借款的缺点是( )。
　　A. 筹资成本高　　　　　　B. 筹资限制少
　　C. 筹资速度慢　　　　　　D. 财务风险大
12. 下列关于普通股股东主要权利的叙述不正确的是( )。
　　A. 优先认购新股的权利
　　B. 分配公司剩余财产的权利
　　C. 优先分配股利的权利
　　D. 对公司账目和股东大会决议的审查权和对公司事务的质询权
13. 下列不属于负债资金筹措方式的是( )。
　　A. 利用留存收益　　　　　B. 向银行借款
　　C. 利用商业信用　　　　　D. 融资租赁
14. 银行要求企业借款时在银行中保留一定数额的存款余额,这种信用条件被称为( )。
　　A. 补偿性余额　　B. 信用额度　　C. 周转信用协议　　D. 借款额度
15. 与短期借款筹资相比,短期融资券筹资的特点是( )。
　　A. 筹资风险比较小　　　　B. 筹资弹性比较大
　　C. 筹资条件比较严格　　　D. 筹资条件比较宽松

(二) 多项选择题

1. 吸收直接投资中的出资方式,主要有( )。
　　A. 以货币资金出资　　　　B. 以实物出资
　　C. 以工业产权出资　　　　D. 以土地使用权出资
2. 商业信用是企业短期资金的重要来源,其主要形式有( )。
　　A. 应付账款　　B. 应付票据　　C. 应收账款　　D. 预收账款
3. 在进行直接投资时,投资人可以用无形资产出资,下列各项无形资产,属于法律禁止用来出资的有( )。
　　A. 专有技术　　B. 非专利技术　　C. 特许经营权　　D. 商誉
4. 相对于股权融资而言,长期银行款筹资的优点有( )。
　　A. 筹资风险小　　B. 筹资速度快　　C. 资金成本低　　D. 筹资数额大
5. 债券筹资的优点有( )。
　　A. 资金成本较低　　　　　B. 筹资风险较低
　　C. 限制条件少　　　　　　D. 能保持原有控制权
6. 企业的短期资金一般是通过( )等方式来融通的。
　　A. 短期借款　　B. 商业信用　　C. 发行融资券　　D. 发行债券

7. 企业内部筹资的资金来源是(　　)。
    A. 发行股票　　　B. 发行债券　　　C. 计提折旧　　　D. 留用利润
8. 投资项目资金属短期资金的有(　　)。
    A. 存货　　　　　B. 应收账款　　　C. 厂房　　　　　D. 现金
9. 可以筹措长期资金的筹资方式有(　　)。
    A. 商业信用　　　B. 吸收直接投资　C. 发行债券　　　D. 融资租赁
10. 负债筹资的方式有(　　)。
    A. 发行股票　　　B. 银行借款　　　C. 发行债券　　　D. 融资租赁
11. 普通股股东所拥有的权利有(　　)。
    A. 分享盈余权　　　　　　　　　　B. 优先认股权
    C. 转让股份　　　　　　　　　　　D. 优先分配剩余资产权
12. 下列各项中,属于"吸收直接投资"与"发行普通股"筹资方式所共有缺点的有(　　)。
    A. 限制条款　　　B. 财务风险大　　C. 控股权分散　　D. 资金成本高
13. 某企业拟以"2/20,1/30,N/40"的信用条件购进一批材料,则企业放弃现金折扣的机会成本率为(　　)。
    A. 2%　　　　　　B. 18%　　　　　C. 36.36%　　　　D. 36.73%

（三）判断题

1. 股票按照是否记名分为记名股票和不记名股票,我国向社会公众发行的股票都是不记名的。　　　　　　　　　　　　　　　　　　　　　　　　　　　　　　　(　　)
2. 按企业所取得资金的权益特性不同,企业筹资分为股权筹资和债务筹资。(　　)
3. 吸收直接投资是企业按照"共同投资、共同经营、共担风险、共享收益"的原则,直接吸收国家、法人、个人和外商投入资金的一种筹资方式。其中实物资产出资是吸收直接投资最重要的出资方式。　　　　　　　　　　　　　　　　　　　　　　　(　　)
4. 所有者权益是企业可以长期使用的自有资金,因此企业可以长期使用的资金只有所有者权益。　　　　　　　　　　　　　　　　　　　　　　　　　　　　　　(　　)
5. 补偿性余额的约束,有助于降低银行贷款风险,企业借款的实际利率与名义利率相同。　　　　　　　　　　　　　　　　　　　　　　　　　　　　　　　　(　　)
6. 根据我国公司法规定,发行普通股股票可以按票面金额等价发行,也可以按溢、折价发行。　　　　　　　　　　　　　　　　　　　　　　　　　　　　　　(　　)
7. 票据贴现是一种担保贷款,因此企业把应收票据贴现后是没有任何风险的。
　　　　　　　　　　　　　　　　　　　　　　　　　　　　　　　　(　　)
8. 吸收直接投资按投资主体的不同可将资金分为国家资金、法人资金、个人资金。
　　　　　　　　　　　　　　　　　　　　　　　　　　　　　　　　(　　)
9. 债券面值应包括两个基本内容:币种和票面金额。　　　　　　　　(　　)
10. 债券利息和优先股股利都作为财务费用在所得税前支付。　　　　(　　)
11. 优先股股东在股东大会上无表决权,所以优先股股东无权参与企业经营管理。(　　)
12. 相对于银行借款筹资而言,发行公司债券的筹资风险大。　　　　(　　)

13. 我国《公司法》规定,公司全体股东或者发起人的货币出资金额不得低于公司注册资金的30%。（　　）

14. 相对于银行借款筹资而言,短期融资券的一次性筹资数额较大。（　　）

四、基本能力训练

基本能力训练一

资料　某企业发行3年期企业债券,面值为1 200元,票面利率为10%,每年年末付息一次。

要求　根据上述资料,分别计算市场利率为8%、10%、12%时每张债券的发行价格。

基本能力训练二

资料　某企业向银行借款200万元,期限为1年,名义利率为10%,利息20万元,按照贴现法付息。

要求　根据上述资料,计算该项借款的实际利率。

基本能力训练三

资料　某企业按年利率8%向银行借款300万元,银行要求保留20%的补偿性余额。

要求　(1) 根据上述资料,计算企业实际可用的借款额。

（2）计算该企业向银行借款的实际年利率。

基本能力训练四

资料 某企业与银行商定的年周转信贷额为 2 000 万元,年利率为 10%,承诺费为 2%,企业年度内实际使用贷款 1 600 万元。

要求 根据上述资料,计算该企业向银行贷款的实际年利率。

基本能力训练五

资料 某企业按"2/20,N/30"的条件购买一批商品 400 万元。

要求 (1) 根据上述资料,计算如果该企业在 20 天内付款,可获得的免费信用额。
(2) 计算如果该企业在 30 天内付款,则该企业承担的放弃折扣成本。
(3) 计算如果该企业至 60 天付款,则该企业承担的放弃折扣成本。

基本能力训练六

资料 某企业为扩大经营规模融资租入一台机床,该机床的市价为 200 万元,租期 10 年,期满转让价为 10 万元。年利率为 10%,手续费为设备原价的 5%。

要求 根据上述资料,计算每年年末应支付的租金是多少。

五、综合能力训练

综合能力训练一

资料 某公司 8 月购进一批原料,供应商报价 10 万元,付款条件为"3/10,1.5/50,N/90"。当前该公司用于支付账款的资金需要在 90 天时才能周转回来,在 90 天内付款只能通过银行借款解决。假设银行短期借款利率为10%。

要求 请帮助该公司判断在何时、以何价格支付采购款划算。

综合能力训练二

资料 某公司在2022年6月1日采购了一批发票价格为500 000元的材料,发票上标注的付款条件为"2/20,N/50",该公司暂时资金比较紧张,如果要还材料款,需要向银行借款,银行借款利率为12%,而且要求公司在银行中保留20%的补偿性余额。

要求 (1) 根据上述资料,计算该公司如果在6月20日付款,则需要支付多少。
(2) 该公司如果在7月20日付款,是否比6月20日付款合算？为什么？

模块四　运用杠杆原理

一、训练与测试要求

能力目标

- ◆ 能认知成本的不同性态以及特征
- ◆ 能理解经营杠杆、财务杠杆以及复合杠杆的含义
- ◆ 会计算边际贡献以及息税前利润、每股收益
- ◆ 会计算与分析经营杠杆系数、财务杠杆系数以及复合杠杆系数
- ◆ 能意识到杠杆给企业和社会带来的风险,学会运用杠杆原理给企业和社会带来正能量、正效益

重点

◆ 边际贡献以及息税前利润、每股收益的计算
◆ 经营杠杆系数、财务杠杆系数和复合杠杆系数的计算

难点

◆ 经营杠杆、财务杠杆和复合杠杆的计算
◆ 经营杠杆、财务杠杆和复合杠杆与风险关系的分析

二、公式整理

三、基本知识训练

（一）单项选择题

1. 关于经营杠杆系数的说法正确的是（   ）。
    A. 在产销量的相关范围内,提高固定性经营成本总额,能够降低企业的经营风险
    B. 在相关范围内,经营杠杆系数与产销量呈反方向变动
    C. 对于某一特定企业而言,经营杠杆系数是固定的,不随产销量的变动而变动
    D. 在相关范围内,经营杠杆系数与变动成本呈反方向变动
2. 下列各项中,不影响经营杠杆系数的是（   ）。
    A. 产品销售数量   B. 产品销售价格
    C. 固定成本   D. 利息费用
3. 在息税前利润大于0的情况下,只要企业存在固定性经营成本,那么经营杠杆系数必定（   ）。
    A. 大于1   B. 与销售量同向变动
    C. 与固定成本反向变动   D. 与风险反向变动

4. 某公司的经营杠杆系数为2,预计息税前利润将增长10%,在其他条件不变的情况下,销售量将增长(　　)。
　　A. 5%　　　　　　B. 10%　　　　　　C. 15%　　　　　　D. 20%
5. 某企业资金总额为150万元,权益资金占55%,负债平均利率为12%,当前销售额100万元,息税前利润20万元,则财务杠杆系数为(　　)。
　　A. 2.5　　　　　　B. 1.68　　　　　　C. 1.15　　　　　　D. 2.0
6. 如果企业的资金来源全部为自有资金,那么企业财务杠杆系数(　　)。
　　A. 等于0　　　　　B. 等于1　　　　　C. 大于1　　　　　D. 小于1
7. 某企业本期财务杠杆系数为1.5,本期息税前利润为450万元,则本期实际利息费用为(　　)万元。
　　A. 100　　　　　　B. 675　　　　　　C. 300　　　　　　D. 150
8. 经营杠杆系数(DOL)、财务杠杆系数(DFL)和复合杠杆系数(DCL)之间的关系是(　　)。
　　A. $DCL = DOL + DFL$　　　　　　B. $DCL = DOL - DFL$
　　C. $DCL = DOL \times DFL$　　　　　　D. $DCL = DOL/DFL$
9. 某公司经营风险大,准备采取系列措施降低经营杠杆程度,下列措施中,无法达到这一目的的是(　　)。
　　A. 降低利息费用　　　　　　B. 降低固定成本水平
　　C. 降低变动成本水平　　　　D. 提高产品销售单价
10. 某企业某年的财务杠杆系数为2.5,息税前利润(EBIT)的计划增长率为10%,假设其他因素不变,则该年普通股每股收益(EPS)的增长率为(　　)。
　　A. 4%　　　　　　B. 5%　　　　　　C. 20%　　　　　　D. 25%
11. 假设某企业的权益资金与负债资金的比例为60∶40,据此可断定该企业(　　)。
　　A. 只存在经营风险　　　　　B. 经营风险大于财务风险
　　C. 经营风险小于财务风险　　D. 同时存在经营风险和财务风险
12. 如果企业一定期间内的固定性经营成本和利息费用均不为零,那么由上述因素共同作用而导致的杠杆效应属于(　　)。
　　A. 经营杠杆效应　　　　　　B. 财务杠杆效应
　　C. 复合杠杆效应　　　　　　D. 风险杠杆效应

(二) 多项选择题

1. 下列各项中,影响财务杠杆系数的因素有(　　)。
　　A. 销售收入　　B. 变动成本　　C. 固定成本　　D. 财务费用
2. 当边际贡献超过固定成本后,下列措施有利于降低复合杠杆系数,从而降低企业总风险的有(　　)。
　　A. 提高产品销售单价　　　　B. 提高资产负债率
　　C. 节约固定成本支出　　　　D. 提高产品销售量
3. 企业降低经营风险的途径一般有(　　)。
　　A. 增加销售　　　　　　　　B. 增加自有资金

C. 降低变动成本　　　　　　　　D. 增加固定成本比例

4. 若某一企业的息税前利润为零,则下列说法正确的有(　　)。
   A. 此时企业的销售收入与总成本(不含利息)相等
   B. 此时的经营杠杆系数趋近于无穷小
   C. 此时的销售收入等于变动成本与固定成本之和
   D. 此时的边际贡献等于固定成本

5. 企业全部资金中,权益资金与债务资金各占50%,下列表述不正确的有(　　)。
   A. 企业只存在经营风险
   B. 企业只存在财务风险
   C. 企业存在经营风险和财务风险
   D. 企业的经营风险和财务风险可以相互抵消

6. 下列筹资活动会加大财务杠杆作用的有(　　)。
   A. 增发普通股　　B. 利用留存收益　　C. 增发公司债券　　D. 增加银行借款

7. 融资决策中的复合杠杆具有如下性质:(　　)。
   A. 复合杠杆能够起到财务杠杆和经营杠杆的综合作用
   B. 复合杠杆能够表达企业边际贡献与税前利润的比率
   C. 复合杠杆能够估计出销售额变动对每股收益的影响
   D. 复合杠杆系数越大,企业经营风险越大,企业财务风险也越大

8. 下列各项中,影响复合杠杆系数变动的因素有(　　)。
   A. 固定经营成本　　B. 边际贡献　　　C. 变动成本　　　D. 固定利息

9. 下列有关杠杆效应的表述正确的有(　　)。
   A. 经营杠杆表明产销量变动对息税前利润变动的影响
   B. 财务杠杆表明息税前利润变动对每股收益的影响
   C. 复合杠杆表明产销量变动对每股收益的影响
   D. 经营杠杆系数、财务杠杆系数以及复合杠杆系数恒大于1

10. 关于财务杠杆系数的表述正确的有(　　)。
    A. 债务资金比率越高时,财务杠杆系数越大
    B. 息税前利润水平越低,财务杠杆系数越大,财务风险也就越大
    C. 利息费用支付额越高,财务杠杆系数越大
    D. 财务杠杆系数可以反映每股收益随着产销量的变动而变动的幅度

(三) 判断题

1. 无论是经营杠杆系数变大,还是财务杠杆系数变大,都可能导致企业的复合杠杆系数变大。(　　)
2. 最佳资金结构是使企业价值最大、综合资金成本最低的资金结构。(　　)
3. 经营杠杆能够扩大市场和生产等因素变化对利润变动的影响。(　　)
4. 不考虑优先股,若企业负债资金为零,则财务杠杆系数为1。(　　)
5. 当息税前利润大于零、单位边际贡献不变时,除非固定成本为零或业务量无穷大,否则息税前利润的变动率总是大于边际贡献的变动率。(　　)

6. 由于经营杠杆的作用,当息税前利润下降时,普通股每股收益会下降得更快。
（   ）
7. 在各种资金来源中,凡是须支付固定性占用费的资金都能产生财务杠杆作用。
（   ）
8. 在其他因素不变的情况下,固定性经营成本越小,经营杠杆系数也就越小,而经营风险则越大。（   ）
9. 经营杠杆是通过扩大销售来影响税前利润的,它可以用边际贡献除以税前利润来计算,它说明了销售额变动引起税前利润变化的幅度。（   ）
10. 在经营杠杆、财务杠杆与复合杠杆中,作用最大的是复合杠杆。（   ）

四、基本能力训练

基本能力训练一

资料　某企业只生产和销售 A 产品,其总成本习性模型为 $Y = 10\,000 + 3X$。假定该企业 2021 年度 A 产品销售量为 10 000 件,每件售价为 6 元;按市场预测 2022 年 A 产品的销售数量将增长 10%。

要求　(1) 计算 2021 年该企业的边际贡献总额。

(2) 计算 2021 年该企业的息税前利润。

(3) 计算 2022 年的经营杠杆系数。

(4) 计算 2022 年息税前利润增长率。

(5) 假定企业 2021 年发生负债利息 5 000 元,计算 2022 年的总杠杆系数。

基本能力训练二

资料　某公司本年销售额 100 万元,税后净利 12 万元,固定经营成本 24 万元,财务杠杆系数 1.5,所得税税率 25%。

要求　(1) 计算该企业的息税前利润。

(2) 计算该企业的边际贡献。

(3) 计算该企业的经营杠杆系数。

(4) 计算该企业的复合杠杆系数。

基本能力训练三

资料 某公司有关资料如下：

项　　目	2021年销售量	2022年销售量	变动额	变动率/%
销售额/万元	1 000	1 250		
变动成本/万元	600	750		
边际贡献/万元				
固定成本/万元	200	200		
息税前利润/万元				

要求 根据资料：
（1）计算并填写表中空格中的数据。
（2）计算经营杠杆系数。

基本能力训练四

资料 某公司资金总额为100万元，有两种资金结构方案：A方案不安排负债，均为普通股，每股1元；B方案安排50%的负债，其余为普通股，每股1元，负债利息率为8%，所得税税率为25%。

项　　目	A方案(无负债)		B方案(负债率50%)	
	2021年	2022年(预计)	2021年	2022年(预计)
股本/万元	100	100	50	50
发行在外股数/万股	100	100	50	50
公司债/万元	0	0	50	50
息税前利润/万元	56	68	56	68
息税前利润增长率	—		—	
减:利息/万元				
税前利润/万元				
所得税/万元				
净利润/万元				
每股利润/元				
普通股利润增长率	—		—	

要求　根据表中已有资料：
（1）将表中空缺数据补充完整。
（2）计算每一种方案的财务杠杆系数。

模块五　计算资金成本与确定资金结构

一、训练与测试要求

基本能力目标

- ◆ 能理解资金成本、综合资金成本和资金结构的含义
- ◆ 能理解最优资金结构的标准
- ◆ 能认知确定最优资金结构的常用方法
- ◆ 会计算个别资金成本和综合资金成本以及能应用综合资金成本进行筹资方案的选择
- ◆ 能结合实际应用综合资金成本法、每股收益分析法进行最优资金结构决策
- ◆ 能养成筹资中的成本意识、使命感和认真谨慎的做事态度

重点

- ◆ 个别资金成本的计算
- ◆ 综合资金成本的计算
- ◆ 以每股收益无差别点分析法确定最优资金结构
- ◆ 以比较综合资金成本法确定最优资金结构

难点

- ◆ 债券在不同发行方式下筹资额的确定
- ◆ 追加普通股筹资时，其综合资金成本的计算
- ◆ 最佳资金结构方法的运用和分析

二、公式整理

三、基本知识训练

(一) 单项选择题

1. 某公司普通股目前的股价为25元/股,筹资费率为6%,刚刚支付的每股股利为2元,股利固定增长率为2%,则该企业利用留存收益的资金成本为(   )。
   A. 10.16%   B. 10%   C. 8%   D. 8.16%

2. 在不考虑筹款限制的前提下,下列筹资方式中个别资金成本最高的通常是(   )。
   A. 发行普通股   B. 留存收益筹资   C. 长期借款筹资   D. 发行公司债券

3. 某公司发行总面额为500万元的10年期债券,票面利率为12%,发行费用率为5%,公司所得税税率为25%。该债券采用溢价发行,发行价格为600万元,则该债券的资金成本为(   )。
   A. 8.46%   B. 7.89%   C. 10.24%   D. 9.38%

4. 公司增发的普通股的市价为12元/股,筹资费用率为市价的6%,最近刚发放的股利为每股0.6元,已知该股票的资金成本为11%,则该股票的股利年增长率为(   )。
   A. 5%   B. 5.39%   C. 5.68%   D. 10.34%

5. 某公司平价发行普通股股票600万元,筹资费用率为5%,上年按面值确定的股利率为14%,预计股利每年增长5%,所得税税率为25%,该公司年末留存50万元未分配利润用作发展之需,则该笔留存收益的资金成本为(   )。
   A. 14.74%   B. 19.7%   C. 19%   D. 20.47%

(二) 多项选择题

1. 在计算个别资金成本时,不需要考虑所得税影响的有(   )。
   A. 债券资金成本   B. 长期借款资金成本
   C. 普通股资金成本   D. 吸收直接投资资金成本

2. 在计算下列各项资金的资金成本时,需要考虑筹资费用的有(   )。
   A. 普通股   B. 债券
   C. 长期借款   D. 留存收益

3. 在计算个别资金成本时,需要考虑所得税抵减作用的筹资方式有(   )。
   A. 银行借款   B. 长期债券   C. 优先股   D. 普通股

4. 在事先确定企业资金规模的前提下,吸收一定比例的债务资金,可能产生的结果有( )。
   A. 降低企业资金成本
   B. 降低企业财务风险
   C. 加大企业财务风险
   D. 提高企业经营能力
5. 下列成本费用中,属于资金成本占用费用的有( )。
   A. 借款手续费
   B. 股票发行费
   C. 利息
   D. 股利
6. 关于留存收益的资金成本,下列说法正确的有( )。
   A. 它不存在成本问题
   B. 它的成本计算不考虑筹资费用
   C. 它相当于股东追加投资要求的报酬率
   D. 在企业实务中一般不予考虑
7. 下列关于综合资金成本比较法的表述正确的有( )。
   A. 根据综合资金成本的高低来确定最优资金结构
   B. 侧重于从资金投入的角度对筹资方案和资金结构进行优化分析
   C. 根据每股收益最高来确定最优资金结构
   D. 根据个别资金成本的高低来确定最优资金结构
8. 确定企业资金结构时,( )。
   A. 若企业产销业务稳定,则可适度增加债务资金比重
   B. 若企业处于初创期,可适度增加债务资金比重
   C. 若企业处于发展成熟阶段,应逐步降低债务资金比重
   D. 若企业处于收缩阶段,应逐步降低债务资金比重
9. 利用每股收益无差别点进行企业资金结构分析时,( )。
   A. 当预计 $EBIT$ 高于 EPS 无差别点时,采用低财务杠杆方式比采用高财务杠杆方式有利
   B. 当预计 $EBIT$ 高于 EPS 无差别点时,采用高财务杠杆方式比采用低财务杠杆方式有利
   C. 当预计 $EBIT$ 低于 EPS 无差别点时,采用低财务杠杆方式比采用高财务杠杆方式有利
   D. 当预计 $EBIT$ 等于 EPS 无差别点时,两种筹资方式下的每股收益相同
10. 下列选项属于资金成本在企业财务决策中的作用的有( )。
    A. 它是比较筹资方式、选择筹资方案的依据
    B. 综合资金成本是衡量资金结构是否合理的依据
    C. 资金成本率是评价投资项目可行性的主要标准
    D. 资金成本是评价企业整体业绩的重要依据
11. 下列各项费用中属于筹资费用的有( )。
    A. 支付的借款手续费
    B. 向股东支付股利
    C. 支付的股票发行费
    D. 支付借款利息

12. 关于企业资产结构对资金结构的影响,下列说法正确的有( )。
   A. 拥有大量固定资产的企业主要通过长期负债和发行股票筹集资金
   B. 拥有较多流动资产的企业,更多依赖流动负债筹集资金
   C. 资产用于抵押贷款的公司举债额较多
   D. 以技术研究开发为主的公司则负债额较少

(三)判断题

1. 若债券利息率、筹资费用率和所得税税率均已确定,则企业的债券资金成本率与发行债券的价格无关。( )
2. 在其他条件不变的情况下,企业财务风险大,投资者要求的预期报酬率就高,企业筹资的资金成本相应就大。( )
3. 资金成本是投资人对投入资金所要求的最低收益率,可作为评价投资项目是否可行的主要标准。( )
4. "财务费用"账户的发生额可以大体上反映企业债务资金成本的实际数额。( )
5. 在不考虑筹资费用的情况下,银行借款的资金成本一般模式可以简化为:银行借款利率×(1−所得税税率)。( )
6. 可转换债券的持有人在一定时期内,可以按规定的价格或一定比例自由地选择转换为普通股,可转换债券是一种混合型证券,是公司普通债券与证券期权的组合体。( )
7. 发行普通股筹资,既能为企业带来杠杆利益,又具有抵税效应,所以企业在筹资时应优先考虑发行普通股。( )
8. 在不考虑风险的情况下,当息税前利润大于每股收益无差别点时,企业采用财务杠杆效应较大的筹资方案比采用财务杠杆效应较小的筹资方案更为有利。( )
9. 最佳资金结构是使企业筹资能力最强、财务风险最小的资金结构。( )

四、基本能力训练

基本能力训练一

资料 某企业目前处于成熟发展阶段,目前的资产总额为 10 亿元,所有者权益总额为 6 亿元,其中股本 2 亿元,资金公积 2 亿元,负债额为 4 亿元。公司未来计划筹集资金 1 500 万元,所得税税率为 25%,银行能提供的最大借款限额为 500 万元,假设股票和债券没有筹资限额。备选方案如下:

方案 1:向银行借款,借款期 4 年,借款年利率为 7%,手续费为 2%。

方案 2:按溢价发行债券,每张债券面值 1 000 元,发行价格为 1 020 元,票面利率为 9%,期限为 5 年,每年支付一次利息,其筹资费用率为 3%。

方案 3:发行普通股,每股发行价 10 元,预计第一年每股股利 1.2 元,股利增长率为 8%,筹资费率为 6%。

方案 4:通过留存收益取得。

要求 (1)计算借款的个别资金成本。

(2) 计算债券的个别成本。
(3) 计算新发股票的个别资金成本。
(4) 计算留存收益资金成本。
(5) 说明各种筹资方案的优缺点,综合判断应选择哪一种方案。

基本能力训练二

资料 某公司上年度的普通股和长期债券资金分别为 20 000 万元和 8 000 万元,资金成本分别为 15% 和 6%。本年度拟增加资金 2 000 万元,现有两种方案:方案 1,保持原有资金结构,预计普通股资金成本为 16%,债券资金成本仍为 6%;方案 2,发行长期债券 2 000 万元,年利率为 9.016%,筹资费用率为 2%;预计债券发行后企业的股票价格为每股 18 元,每股股利 2.7 元,股利增长率为 3%。假设企业适用的企业所得税税率为 25%。

要求 利用平均资金成本比较法判断公司应采用哪一种方案。

基本能力训练三

资料 某公司现有如下两种筹资方案可供选择:

筹资方式	A 方案			B 方案		
	筹资额/万元	比重/%	资金成本/%	筹资额/万元	比重/%	资金成本/%
普通股	190	47.5	15	140	35	15
优先股	10	2.5	12	0	0	12
公司债券	80	20	7	60	15	8
长期借款	120	30	6	200	50	6.5
合　计	400	100	—	400	100	—

要求 根据资料分别测算两个方案的加权资金成本,并确定最佳资金结构。

基本能力训练四

资料 某公司目前发行在外普通股 100 万股(每股 1 元),已发行利率为 10% 的债券 400 万元,目前的息税前利润为 100 万元。该公司打算为一个新的投资项目融资 500 万元,新项目投产后公司每年息税前利润会增加 100 万元。现有两个方案可供选择:按 12% 的利率发行债券(方案 1);按每股 20 元发行新股(方案 2)。公司适用所得税税率为 25%。

要求 (1) 计算两个方案的每股收益。
(2) 计算两个方案的每股收益无差别点息税前利润。
(3) 计算两个方案的财务杠杆系数。
(4) 分析判断哪个方案更好。

五、综合能力训练

综合能力训练一

资料 某公司 2021 年的净利润为 750 万元,所得税税率为 25%。该公司全年固定性经营成本总额为 1 500 万元,公司年初发行了一种债券,数量为 1 万张,每张面值为 1 000 元,发行价格为 1 100 元,债券年利息为当年票面总额的 10%,发行费用占发行价格的 2%,计算确定的财务杠杆系数为 2。

要求 根据上述资料计算如下指标:
(1) 2021 年利润总额。
(2) 2021 年利息总额。

(3) 2021年息税前利润总额。
(4) 2021年债券资金成本(计算结果保留两位小数)。
(5) 经营杠杆系数。

综合能力训练二

资料 已知某公司当前资金结构如下：

筹资方式	金额/万元
长期债券(年利率8%)	1 000
普通股(4 500万股)	4 500
留存收益	2 000
合　计	7 500

因生产发展，公司年初准备增加资金2 500万元，现有两个筹资方案可供选择：甲方案为增加发行1 000万股普通股，每股市价2.5元；乙方案为按面值发行每年年末付息、票面利率为10%的公司债券2 500万元。假定股票与债券的发行费用均可忽略不计，适用的企业所得税税率为25%。

要求 (1) 计算两种筹资方案下每股收益无差别点的息税前利润。
(2) 计算在每股收益无差别点时乙方案的财务杠杆系数。
(3) 如果公司预计息税前利润为1 200万元，指出该公司应采用的筹资方案。
(4) 如果公司预计息税前利润为1 600万元，指出该公司应采用的筹资方案。
(5) 若公司预计息税前利润在每股收益无差别点上增长10%，计算采用乙方案时该公司每股收益的增长幅度。

单元二测试

一、单项选择题（每题1分，共10分）

1. 吸取直接投资的缺点是(　　)。
   A. 不能接受实物投资　　　　　　B. 资金成本较高
   C. 企业借款能力下降　　　　　　D. 无法避免财务风险
2. 下列各项中,不属于商业信用的是(　　)。
   A. 应付账款　　B. 应付票据　　C. 预收货款　　D. 应收账款
3. 企业从银行借入短期借款,不会导致实际利率高于名义利率的利息支付方式是(　　)。
   A. 收款法　　　　　　　　　　　B. 贴现法
   C. 补偿性余额　　　　　　　　　D. 分期等额偿还本利法
4. 利用商业信用筹资方式筹集的资金只能是(　　)。
   A. 银行信贷资金　B. 居民个人资金　C. 其他企业资金　D. 企业自留资金
5. 不存在筹资费用的筹资方式是(　　)。
   A. 银行借款　　B. 融资租赁　　C. 发行债券　　D. 利用留存收益
6. 下列权利中,不属于普通股股东权利的是(　　)。
   A. 公司管理权　　　　　　　　　B. 剩余财产优先要求权
   C. 优先认股权　　　　　　　　　D. 分享盈余权
7. 不存在财务杠杆作用的筹资方式是(　　)。
   A. 银行借款　　B. 发行债券　　C. 发行优先股　　D. 发行普通股
8. 在其他条件不变的情况下,借入资金的比例越大,财务风险(　　)。
   A. 越大　　　B. 不变　　　C. 越小　　　D. 逐年上升
9. 当债券的票面利率小于市场利率时,债券应(　　)。
   A. 按面值发行　B. 溢价发行　C. 折价发行　D. 向外部发行
10. 每股利润无差异点是指在两种筹资方案下,普通股每股利润相等时的(　　)。
    A. 成本总额　　B. 直接费用　　C. 资金结构　　D. 息税前利润

二、多项选择题（每题1分，共10分）

1. 企业自有资金的筹集方式主要有(　　)。
   A. 发行债券　　B. 吸收直接投资　　C. 发行股票　　D. 内部积累
2. 企业吸收直接投资的出资形式有(　　)。
   A. 吸收现金投资　　　　　　　　B. 吸收实物投资
   C. 吸收工业产权投资　　　　　　D. 吸收非专利技术投资
3. 筹集借入资金的方式有(　　)。
   A. 银行借款　　B. 发行股票　　C. 发行债券　　D. 融资租赁

4. 企业资金需要量预测的方法有（　　）。
   A. 定性预测法　　　　　　　　　　B. 销售百分比法
   C. 高低点法　　　　　　　　　　　D. 回归分析法
5. 决定债券发行价格的因素是（　　）。
   A. 债券面值　　B. 债券利率　　C. 市场利率　　D. 债券到期日
6. 短期银行借款的信用条件包括（　　）。
   A. 贷款期限和贷款偿还方式　　　　B. 信用额度
   C. 贷款利率和利息支付方式　　　　D. 循环使用的信用协议
7. 长期借款的优点是（　　）。
   A. 筹资速度快　　　　　　　　　　B. 筹资成本低
   C. 借款弹性好　　　　　　　　　　D. 限制条件少
8. 个别资金成本主要包括（　　）。
   A. 债券成本　　　　　　　　　　　B. 普通股成本
   C. 留存收益成本　　　　　　　　　D. 资金的边际成本
9. 债务比例（　　），财务杠杆系数（　　），财务风险（　　）。
   A. 越高　越大　越高　　　　　　　B. 越低　越小　越低
   C. 越高　越小　越高　　　　　　　D. 越低　越大　越低
10. 销售百分比法下资产负债表中的敏感项目包括（　　）。
    A. 应收账款　　B. 存货　　C. 应付账款　　D. 短期借款

三、判断题（每题1分，共10分）

1. 企业的自有资金都属于长期资金；而债务资金则既有长期的，也有短期的。（　　）
2. 当预计的息税前利润大于每股利润无差异点息税前利润时，采用负债筹资会提高普通股每股利润，但会加大企业的财务风险。（　　）
3. 在个别资金成本一定的情况下，企业综合资金成本的高低取决于资金总额。（　　）
4. 投资企业与被投资企业之间是一种债务债权关系。（　　）
5. 优先股股息和债券利息都要定期支付，均应作为财务费用，在所得税前列支。（　　）
6. 企业采用借入资金方式筹资比采用自有资金方式筹资付出的资金成本低，但承担的风险大。（　　）
7. 为保证少数股东对企业的绝对控制权，一般倾向于采用优先股或负债方式筹集资金，而尽量避免普通股筹资。（　　）
8. 不论企业财务状况与经营成果如何，企业必须支付当年优先股股利，否则，优先股股东有权要求企业破产。（　　）
9. 由于留存收益是企业利润所形成的，不是外部筹资所取得的，所以留存收益没有成本。（　　）
10. 企业负债比例越高，财务风险越大，因此负债对企业总是不利的。（　　）

四、计算分析题（共70分）

1. **资料**　某企业自银行借入10个月期、年利率为8%的短期借款200万元。

要求 分别按收款法、贴现法计算该借款的实际利率。(共4分)

2. **资料** 某企业的长期资金总额为5 000万元,借入资金占总资金的50%,债务资金的利率为15%,企业的息税前利润为1 000万元。

要求 计算财务杠杆系数。(共3分)

3. **资料** 某企业拟采购一批商品,供应商报价如下:(1)立即付款,价格为9 630元,即折扣率为3.70%;(2) 30天内付款,价格为9 750元,即折扣率为2.5%;(3) 31天至60天内付款,价格为9 870元,即折扣率为1.3%;(4) 61天至90天内付款,价格为10 000元。假设企业资金不足,可向银行借入短期借款,银行短期借款利率为10%,每年按360天计算。

要求 计算放弃现金折扣的成本,并做出对该公司最有利的决策。(共8分)

4. **资料** 某企业2021年12月31日资产负债表如下表所示。已知2021年的销售收入为2 000万元。

资产负债表

2021年12月31日　　　　　　　　　　　　　　　　　　单位:万元

资　产	金　额	负债与所有者权益	金　额
现金	50	短期借款	105
应收账款	310	应付账款	260
预付账款	30	应付票据	100
存货	520	预收账款	170
固定资产	1 070	长期负债	200
无形资产	120	负债合计	835
		实收资金	1 200
		留用利润	65
		所有者权益合计	1 265
资产合计	2 100	负债与所有者权益合计	2 100

该企业2022年预计销售收入为2 500万元，销售净利润率为7%，净利润留用比例为40%。

要求　（1）计算2021年资产和负债各敏感项目的销售百分比。
（2）计算2022年资产负债表各项目资金需要量预计数。
（3）预测2022年该企业需要追加的筹资额和外部筹资额。（共10分）

5.**资料**　某公司拟筹资5 000万元，其中按面值发行债券2 000万元，票面利率为10%，筹资费率为2%；发行优先股800万元，股息率为12%，筹资费率为3%；发行普通股2 200万元，筹资费率为5%，预计第一年股利率为12%，以后每年按4%递增，所得税税率为25%。

要求　（1）计算债券资金成本。
（2）计算优先股资金成本。
（3）计算普通股资金成本。
（4）计算综合资金成本。（共15分）

6.**资料**　某企业目前拥有资金2 000万元，其中，长期借款800万元，年利率10%；普通股1 200万元，每股面值1元，发行价格20元，目前价格也为20元，上年每股股利2元，预计年股利增长率为5%，所得税税率为25%。

该公司计划筹集资金100万元，有两种筹资方案：（1）增加长期借款100万元，借款利率上升到10.72%；（2）增发普通股4万股，普通股每股市价增加到25元。

要求　（1）计算该公司筹资前综合平均资金成本。

（2）采用综合资金成本比较法确定该公司最佳的资金结构。（共 15 分）

7. **资料** 某公司目前发行在外普通股 200 万股（每股面值 1 元），并发行利率为 10% 的债券 400 万元。该公司打算为一个新的投资项目融资 500 万元，新项目投产后每年的息税前利润将增加到 200 万元。现有两个方案可供选择：方案一，按 12% 的利率发行债券 500 万元；方案二，按每股 20 元的价格发行新股。公司适用所得税税率为 25%。

要求 （1）计算两个方案的每股利润。
（2）计算两个方案每股利润无差异点的息税前利润。
（3）计算两个方案的财务杠杆系数。
（4）判断哪个方案最佳。（共 15 分）

单元三

证券投资分析

模块一 认识证券投资

一、训练要求

基本能力目标

- 能认知证券的种类
- 能认知证券投资的目的和风险
- 能从证券投资理论中挖掘投资机会,为企业创造财富

重点

- 证券分类

难点

- 证券投资风险的评价

二、公式整理

三、基本知识训练

（一）单项选择题

1. 企业对外进行债券投资，从其产权关系来看属于（　　）。
   A. 债权投资　　　　B. 股权投资　　　　C. 证券投资　　　　D. 实物投资
2. 下列证券中，能更好地规避证券投资购买力风险的是（　　）。
   A. 普通股　　　　　B. 优先股　　　　　C. 公司债券　　　　D. 国库券
3. 投资国债时不必考虑的风险是（　　）。
   A. 违约风险　　　　B. 利率风险　　　　C. 购买力风险　　　D. 再投资风险
4. 在证券投资中因通货膨胀带来的风险是（　　）。
   A. 违约风险　　　　B. 利息率风险　　　C. 购买力风险　　　D. 流动性风险
5. 按照证券收益稳定性的不同，证券可以分为（　　）。
   A. 原生证券和衍生证券　　　　　　B. 固定收益证券和变动收益证券
   C. 所有权证券和债权证券　　　　　D. 短期证券和长期证券
6. 下列各种证券中，属于变动收益证券的是（　　）。
   A. 国库券　　　　　B. 无息债券　　　　C. 普通股股票　　　D. 优先股

（二）多项选择题

1. 下列各项中，属于证券投资风险的是（　　）。
   A. 违约风险　　　　B. 购买力风险　　　C. 流动性风险　　　D. 利息率风险
2. 按证券体现的权益关系不同，证券可分为（　　）。
   A. 所有权证券　　　B. 债权证券　　　　C. 收益性证券　　　D. 信托投资证券
3. 按照证券发行主体的不同，证券可以分为（　　）。
   A. 政府证券　　　　B. 金融证券　　　　C. 公司证券　　　　D. 私募证券
4. 有关固定收益证券和变动收益证券的说法正确的有（　　）。
   A. 固定收益证券风险较小，报酬也小　　B. 变动收益证券风险较大，报酬也大
   C. 固定收益证券风险较大，报酬也大　　D. 变动收益证券风险较小，报酬也小
5. 企业进行证券投资的目的主要表现为（　　）。
   A. 暂时存放闲置资金，并获取投资收益　　B. 满足未来的财务需求
   C. 获得对相关企业的控制权　　　　　　　D. 满足季节性经营对现金的需求
6. 下列属于证券投资基本程序的是（　　）。
   A. 选择投资对象　　B. 过户　　　　　　C. 开户与委托　　　D. 交割与清算

（三）判断题

1. 普通股与公司债券相比能够更好地避免购买力风险。（　　）
2. 当通货膨胀发生时，变动收益证券如普通股股票劣于固定收益证券如公司债券。
   （　　）

3. 企业进行股票投资就是为了控制被投资企业。（　）
4. 短期债券与长期债券相比,利息率风险大,再投资风险小。（　）
5. 固定收益证券是指在证券的票面上规定有固定收益率的证券,通常债券和优先股属于固定收益证券。固定收益证券风险较小,报酬较高。（　）
6. 站在投资者角度讲,短期证券风险小,变现能力强,但收益率相对较低。（　）

模块二　学会债券投资分析

一、训练要求

能力目标

- ◆ 能正确理解债券投资的含义、种类
- ◆ 能正确理解债券投资的目的、风险
- ◆ 能正确测算债券投资收益率
- ◆ 能遵守债券投资法律法规,为企业创造债券投资收益

重点

- ◆ 不同的债券投资估价模型运用
- ◆ 债券投资收益率在实际中的运用

难点

- ◆ 持有期间收益率计算法的领会和运用
- ◆ 折现债券收益率计算法的领会和运用

二、公式整理

三、基本知识训练

（一）单项选择题

1. 一般认为，企业进行长期债券投资的主要目的是(   )。
   A. 获得稳定收益　　　　　　　　B. 增强资产流动性
   C. 控制被投资企业　　　　　　　D. 调剂现金余额
2. 债券投资者购买债券时，可以接受的最高价格是(   )。
   A. 市场卖出价　　　　　　　　　B. 到期价值
   C. 票面价值　　　　　　　　　　D. 债券内在价值
3. 某公司发行5年期债券，债券的面值为1 000元，票面利率为5%，每年付息一次，到期还本，投资者要求的必要报酬率为6%，则该债券的价值为(   )元。
   A. 784.67　　　B. 943.13　　　C. 1 000　　　D. 957.92
4. 某公司拟发行面值为1 000元、不计复利、5年后一次还本付息、票面利率为10%的债券，已知发行时资金市场的年利率为12%，则公司债券的发行价格为(   )元。
   A. 851.10　　　B. 907.84　　　C. 931.35　　　D. 993.44

（二）多项选择题

1. 债券投资具有的优点是(   )。
   A. 本金安全性高　　　　　　　　B. 收益比较稳定
   C. 变现力强　　　　　　　　　　D. 购买力风险较大
2. 相对于股票投资来说，债券投资的缺点包括(   )。
   A. 市场流动性差　　　　　　　　B. 购买力风险大
   C. 没有经营管理权　　　　　　　D. 收入不稳定
3. 债券投资能够给投资者带来的现金流入量是(   )。
   A. 买卖差价　　B. 股利　　C. 利息　　D. 本金(出售价)
4. 下列会影响债券投资收益率的因素是(   )。
   A. 票面价值　　B. 持有期限　　C. 购买价格　　D. 市场利率
5. 短期债券投资的目的主要是(   )。
   A. 合理利用暂时闲置资金　　　　B. 调节现金余额，获得收益
   C. 获得稳定收益　　　　　　　　D. 增强资产流动性

（三）判断题

1. 进行股票投资，其所承担的风险大于债券投资的风险，因此其获得的收益也一定大于债券投资的收益。(   )
2. 计算短期债券收益率时一般不需要考虑时间价值。(   )
3. 流通债券的面值是固定的，但它的价格经常变化，因此债券发行者计息是以债券价格为根据，而不是以其固定的面值为依据。(   )

4. 短期债券投资的目的主要是合理利用暂时闲置资金,调节现金余额,获得稳定的收益。   (   )

四、基本能力训练

基本能力训练一
资料 某债券的面值为1 000元,票面利率为8%,期限为3年,按年付息,某公司要对这种债券进行投资。
要求 如果要获得10%的报酬率,计算债券价格为多少时才能进行投资。

基本能力训练二
资料 某公司拟购买另一家公司发行的一次还本付息的企业债券,该债券的面值为1 000元,期限为3年,票面利率为8%,不计复利,当前的市场利率为6%。
要求 计算该债券的发行价格为多少时,该公司才能购买。

基本能力训练三
资料 某债券面值为1 000元,期限为10年,期内不计利息,到期按面值偿还,当时市场利率为8%。
要求 计算该债券价格为多少时,公司才能购买。

基本能力训练四
资料 某公司欲在市场上购买A公司曾在2018年1月1日平价发行的债券,面值1 000元,票面利率10%,5年到期,每年12月31日付息。
要求 假定2022年1月1日A公司债券市价为900元,计算此时该公司购买该债券持有到期时的投资收益率。

五、综合能力训练

综合能力训练一

资料 某公司发行公司债券,面值为1 000元,票面利率为10%,期限为5年。已知市场利率为8%。

要求 （1）债券为按年付息、到期还本,发行价格为1 020元,分析投资者是否愿意购买。

（2）债券为单利计息、到期一次还本付息债券,发行价格为1 010元,分析投资者是否愿意购买。

（3）债券为贴现债券,到期归还本金,发行价为700元,分析投资者是否愿意购买。

综合能力训练二

资料 某公司欲购买债券作为长期投资,要求的必要收益率为6%。甲公司发行债券票面利率为8%,面值1 000元,每年付息一次,到期还本,期限5年,债券发行价格为1 041元。

要求 计算该债券的价值和收益率,以决定是否购买该债券。

模块三 学会股票投资分析

一、训练要求

基本能力目标

- 能认知股票投资的目的
- 能熟悉股票投资的特点
- 能正确计算股票的内在价值
- 能正确测算股票投资收益率
- 能认知股票投资的优缺点
- 能具备基本的股票投资分析能力
- 能遵守股票投资法律法规,为企业创造股票投资收益

重点

- 不同的股票估价模型的运用
- 不同持有期间的股票收益率的测算

难点

- 长期持有、股利固定增长的股票估价模型的领会和运用
- 持有期限在一年以上股票收益率的测算
- 插值法与试误法在股票收益率测算中的应用

二、公式整理

三、基本知识训练

（一）单项选择题

1. 估算股票价值时的折现率，不能使用（　　）。
   A. 股票市场的平均收益率　　　　　　B. 国库券利率加适当的风险报酬率
   C. 国库券的利率　　　　　　　　　　D. 投资人要求的必要报酬率
2. 股票投资与债券投资相比（　　）。
   A. 风险高　　　　B. 收益低　　　　C. 价格波动小　　　　D. 变现能力差
3. 某股票的未来股利不变，当股票市价低于股票价值时，则股票的投资收益率比投资人要求的最低报酬率（　　）。
   A. 高　　　　　　B. 低　　　　　　C. 相等　　　　　　　D. 不确定
4. 某人以40元的价格购入一张股票，该股票目前的股利为每股1元，股利增长率为2%，一年后以50元的价格出售，则该股票的投资收益率应为（　　）。
   A. 2%　　　　　　B. 20%　　　　　C. 21%　　　　　　　D. 27.55%
5. 通货膨胀会影响股票价格，当发生通货膨胀时，股票价格（　　）。
   A. 降低　　　　　　　　　　　　　　B. 上升
   C. 不变　　　　　　　　　　　　　　D. 以上三种都有可能
6. 某公司发行的股票，预期报酬率为20%，最近刚支付的股利为每股2元，估计股利增长率为10%，则该种股票的价值为（　　）。
   A. 20元/股　　　　B. 24元/股　　　C. 22元/股　　　　　D. 18元/股

（二）多项选择题

1. 股票投资的缺点有（　　）。
   A. 购买力风险大　　B. 求偿权居后　　C. 价格波动大　　　　D. 收益不稳定
2. 股票投资的目的有（　　）。
   A. 获利　　　　　　B. 控股　　　　　C. 抵御通货膨胀　　　D. 降低风险
3. 股票投资能够给投资者带来的现金流入量为（　　）。
   A. 股利　　　　　　B. 买卖差价　　　C. 利息　　　　　　　D. 出售价格
4. 影响股票内在价值的因素有（　　）。
   A. 预期股利报酬　　　　　　　　　　B. 金融市场利率
   C. 投资者预计持有期限　　　　　　　D. 股票预计出售价格
5. 股票投资的特点有（　　）。
   A. 股票投资是权益性投资　　　　　　B. 股票投资的风险大
   C. 股票投资的收益率高　　　　　　　D. 股票投资的收益不稳定

（三）判断题

1. 股票的价值是指其实际股利所得和买卖差价所形成的现金流入量的现值。（　　）

2. 如果不考虑影响股价的其他因素,固定股利的股票价值与市场利率成反比,与预期股利成正比。（   ）

3. 当通货膨胀来临时,投资股票比投资债券能更好地避免购买力风险。（   ）

4. 测算股票投资收益率时,若持有期限短于一年,则不需要考虑资金的时间价值。（   ）

5. 进行股票投资,其所承担的风险大于债券投资的风险,因此其获得的收益也一定大于债券投资的收益。（   ）

四、基本能力训练

基本能力训练一

资料　某企业计划利用一笔长期资金投资购买股票,现在有 A、B 两种股票可供选择。A 股票现行市价为每股 8 元,上年每股股利为 0.15 元,预计以后每年以 6% 的速度增长。B 股票现行市价为每股 7 元,上年每股股利为 0.6 元,股利固定不变。该企业要求的必要报酬率为 8%。

要求　（1）利用股票估价模型,分别计算 A、B 两种股票的内在价值。

（2）如果该企业只投资一种股票,请对这两种股票进行分析与决策。

基本能力训练二

资料　某企业目前支付的股利为每股 1.92 元,股票的必要收益率为 9%,有关具体资料如下:（1）股利增长率为 -4%；（2）股利零增长；（3）股利固定增长率为 4%。

要求　（1）计算上述互不相关三种情况下的股票价值。

（2）假设该股票属于以 4% 增长率固定增长的股票,当时股票的市场价为 45 元,如果你是一名投资者,请回答你是否购买该股票。

（3）假设该股票为零增长股票,按每股 1.92 元的股利计算,已知该股票的内在价值为 25 元,计算该股票的必要收益率。

基本能力训练三

资料 甲公司于 2019 年 6 月 1 日投资 600 万元购买某种股票 100 万股,在 2020 年、2021 年、2022 年的 5 月 30 日分得每股现金股利分别为 0.6 元、0.8 元和 0.9 元,并于 2022 年 5 月 30 日以每股 8 元的价格将股票全部出售。

要求 根据上述资料,计算该股票投资的收益率。

五、综合能力训练

资料 某上市公司本年度的净利润为 2 000 万元,每股支付股利 2 元。预计该公司未来三年进入成长期,净收益第一年增长 14%,第二年增长 14%,第三年增长 8%,第四年及以后将保持与第三年的净利润水平一致。该公司一直采用固定比例政策,并打算今后继续实行该政策。该公司没有增发普通股和优先股的计划。

要求 (1) 假设投资人要求的报酬率为 10%,并打算长期持有该股票,请计算该股票的价值。

(2) 如果股票的价格为 24.89 元,计算股票的投资收益率。

模块四　认识证券投资组合

一、训练要求

基本能力目标

- 能认知证券投资组合的意义
- 能熟悉证券投资组合的策略
- 能初步掌握证券投资组合的方法
- 能认知 β 系数的内涵
- 能基本理解资本资产定价模型
- 能初步运用资本资产定价模型进行计算
- 能在遵守证券投资法律法规的前提下,利用投资组合为企业获取更多的投资收益

重点

- 证券投资组合的策略和方法
- 资本资产定价模型的运用

难点

- 证券投资组合方法的运用
- β 系数内涵的理解
- 资本资产定价模型的理解和运用

二、公式整理

三、基本知识训练

（一）单项选择题

1. 最佳证券投资组合策略是要尽量模拟市场现状，将尽可能多的证券包括进来，以便分散掉全部可分散风险，得到与市场所有证券的平均报酬同样的报酬，这种策略是（　　）。
   A. 适中型策略　　B. 冒险型策略　　C. 保守型策略　　D. 混合策略

2. 证券投资组合能分散掉（　　）。
   A. 所有风险　　　　　　　　　　B. 系统风险（不可分散风险）
   C. 非系统风险（可分散风险）　　D. 市场风险

3. 当投资的必要收益率等于无风险收益率时，β系数（　　）。
   A. 大于1　　B. 等于1　　C. 小于1　　D. 等于0

4. 当两种证券完全负相关时，由此所形成的证券投资组合（　　）。
   A. 能适当地分散风险　　　　　　B. 不能分散风险
   C. 可分散掉全部可分散风险　　　D. 风险等于单项证券风险的加权平均

5. 已知某证券投资组合的β系数等于1，则表明（　　）。
   A. 该投资组合无风险
   B. 该投资组合风险很低
   C. 该投资组合的风险与整个金融市场所有证券平均风险一样
   D. 该投资组合的风险比整个金融市场所有证券平均风险高一倍

6. 在证券投资组合方法中，只选取少量成长型股票进行投资的策略是（　　）。
   A. 保守型策略　　　　　B. 冒险型策略
   C. 适中型策略　　　　　D. 稳健型策略

7. 下列投资组合策略必须具备丰富投资经验的是（　　）。
   A. 保守型策略　　　　　B. 冒险型策略
   C. 适中型策略　　　　　D. 投机型策略

8. 如果投资组合中包括了全部股票，那么投资人（　　）。
   A. 只承担系统风险　　　B. 只承担非系统风险
   C. 不承担任何风险　　　D. 承担所有风险

（二）多项选择题

1. 证券投资组合的策略有（　　）。
   A. 保守型策略　　B. 冒险型策略　　C. 适中型策略　　D. 稳健型策略

2. 证券投资组合的方法有（　　）。
   A. 选择足够数量的证券进行组合
   B. 把风险大、风险中等、风险小的证券组合在一起
   C. 把投资报酬呈负相关的证券组合在一起
   D. 把投资报酬呈正相关的证券组合在一起

3. β系数是衡量风险大小的重要指标,下列表述正确的有(　　)。
　　A. β系数越大,说明风险越大
　　B. 某股票β系数为0,说明该股票无风险
　　C. 某股票β系数等于1,说明其风险等于证券市场的平均风险
　　D. 某股票β系数大于1,说明其风险大于证券市场的平均风险
4. 按照资本资产定价模型,影响特定股票预期收益率的因素有(　　)。
　　A. 无风险收益率　　　　　　　　B. 市场平均收益率
　　C. 特定股票的β系数　　　　　　D. 市场所有股票的β系数

(三) 判断题

1. 两种完全正相关的股票组成的证券投资组合,不能抵消任何风险。(　　)
2. 把风险大、风险中等、风险小的证券组合在一起进行投资,不会承担巨大风险,是一种常见的组合方法。(　　)
3. 为了有效地分散风险,每个投资者拥有股票的数量是越多越好。(　　)
4. 证券投资组合风险的大小,等于组合中各个证券风险的加权平均数。(　　)
5. 当投资组合中股票数量足够多时,几乎可以把所有的风险分散掉。(　　)

四、基本能力训练

基本能力训练一

资料　某公司股票的β系数为1.5,无风险利率为4%,市场上所有股票的平均收益率为8%。

要求　根据以上资料,计算该公司股票的必要收益率。

基本能力训练二

资料　某股票为固定成长股票,其增长率为3%,预计第一年的股利为4元/股,假定目前国库券收益率为13%,所有股票的平均收益率为18%,而该股票的β系数为1.2。

要求　根据以上资料,计算该公司股票的价值。

基本能力训练三

资料 某公司股票的 β 系数为 2.5，目前无风险收益率为 6%，市场上所有股票的平均报酬率为 10%，如果该股票为固定成长股，成长率为 6%，预计一年后的股利为 1.5 元/股。

要求 （1）计算该股票的风险收益率。
（2）计算该股票投资的必要收益率。
（3）计算该股票的价格为多少时可以购买。

五、综合能力训练

综合能力训练一

资料 某企业持有甲、乙、丙三种股票构成的证券组合，其 β 系数分别为 1.8、1.2 和 0.8，在证券组合中各自所占的比重分别为 40%、30% 和 30%，股票市场上的平均收益率为 10%，无风险收益率为 5%。

要求 （1）计算该证券投资组合的 β 系数。
（2）计算该证券投资组合的风险收益率。
（3）计算该证券投资组合的必要收益率。

综合能力训练二

资料 某企业持有甲、乙、丙三种股票构成的证券组合，其 β 系数分别为 2.0、1.0 和 0.5，在证券组合中各自所占的比重分别为 50%、30% 和 20%，股票市场上的平均收益率为 15%，无风险收益率为 10%。甲股票当前每股市价为 12 元，刚收到上一年度派发的每股 1.2 元的现金股利，预计今后股利每年以 8% 的速度增长。

要求 （1）计算该证券投资组合的 β 系数。
（2）计算该证券投资组合的风险收益率。

(3)计算该证券投资组合的必要收益率。
(4)计算投资甲股票的必要收益率。
(5)利用股票股价模型分析当前出售甲股票对企业是否有利。

模块五 认识基金投资

一、训练要求

能力目标

- 能认知基金投资的含义和分类
- 能理解基金价值和收益率的含义
- 能掌握基金价值和收益率计算的基本方法
- 能理解基金投资的优缺点
- 能在遵守基金投资法律法规的前提下,利用基金投资为企业获取更多的投资收益

重点

- 基金价值含义的领悟和计算
- 基金报价的类型
- 基金投资收益率的计算

难点

- 基金投资收益率计算方法的应用

二、公式整理

三、基本知识训练

（一）单项选择题

1. 根据募集方式不同，基金可分为(　　)。
   A. 公募基金和私募基金　　　　　　B. 封闭式基金和开放式基金
   C. 公司型基金和契约型基金　　　　D. 上市基金和非上市基金
2. 根据组织形式的不同，基金可分为(　　)。
   A. 公募基金和私募基金　　　　　　B. 封闭式基金和开放式基金
   C. 公司型基金和契约型基金　　　　D. 上市基金和非上市基金
3. 基金的价值取决于(　　)。
   A. 基金净资产账面价值
   B. 基金净资产市场价值
   C. 基金资产能给投资者带来的现金流量
   D. 基金净资产能给投资者带来的现金流量
4. 基金的发行价等于(　　)。
   A. 基金单位净额 + 发行手续费　　　B. 基金单位净额 – 发行手续费
   C. 基金单位资产额 + 发行手续费　　D. 基金单位资产额 – 发行手续费

（二）多项选择题

1. 开放式基金的报价形式有(　　)。
   A. 认购价和赎回价　　　　　　　　B. 认购价和卖出价
   C. 赎回价和买入价　　　　　　　　D. 卖出价和买入价
2. 下列各项中，属于基金投资优点的是(　　)。
   A. 具有专家理财的优势　　　　　　B. 具有资金规模优势
   C. 可以完全规避投资风险　　　　　D. 可以获得很高的投资收益

3. 下列关于基金报价的公式正确的有(　　)。
   A. 基金认购价＝基金单位净值＋首次认购费
   B. 基金卖出价＝基金单位净值＋首次认购费
   C. 基金赎回价＝基金单位净值－基金赎回费
   D. 基金买入价＝基金单位净值－基金赎回费
4. 下列各项中,属于基金投资缺点的是(　　)。
   A. 具有专家理财的优势
   B. 具有资金规模优势
   C. 大盘整体下跌时,可能承受较大的风险
   D. 无法获得很高的投资收益

(三) 判断题

1. 封闭式基金在二级市场上竞价交易,其交易价格由供求关系和基金业绩决定,围绕基金单位净值上下波动。(　　)
2. 基金收益率是反映基金增值情况的指标,它通过基金净资产的价值变化来衡量。(　　)
3. 基金投资具有专家理财优势和资金规模优势,因此投资者能在不承担风险的情况下获得较高收益率。(　　)
4. 基金单位净额指在某一时点上每一基金单位(或基金股份)所代表的账面资产价值,也称为单位净资产值或单位资产净值。(　　)

四、基本能力训练

基本能力训练一

资料 假设某基金持有三种股票的数量分别为10万股、50万股和100万股,每股的市价分别为30元、20元和10元,银行存款为1 000万元。该基金负债有两项:对托管人或管理人应付的报酬为500万元,应付税金为500万元,已经售出的基金单位为2 000万份。

要求 计算基金单位净值。

基本能力训练二

资料 某基金管理公司的证券账户总市价为9 000万元,其他资产项目为600万元,负债项目为500万元,基金发行总份额为2 000万份。

要求 计算该基金管理公司的基金单位净值。

五、综合能力训练

综合能力训练一

资料 某基金公司发行的是开放式基金,2021 年的相关资料如下所示:

项 目	年 初	年 末
基金资产账面价值/万元	1 000	1 200
负债账面价值/万元	300	320
基金市场账面价值/万元	1 500	2 000
基金单位/万份	500	600

假设公司收取首次认购费,认购费为基金净值的 5%,不再收取赎回费。

要求 (1) 计算该基金公司 2021 年年初和年末的下列指标:① 基金净资产价值总额;② 基金单位净值;③ 基金认购价;④ 基金赎回价。

(2) 计算该基金公司 2021 年基金的收益。

综合能力训练二

已知某公司是一个基金公司,相关资料如下:

资料一 2021 年 1 月 1 日,某公司的基金资产市场价值总额为 27 000 万元,其负债市场价值总额为 3 000 万元,基金份数为 8 000 万份。在基金交易中,该公司收取首次认购费和赎回费,认购费为基金资产净值的 2%,赎回费为基金资产净值的 1%。

资料二 2021 年 12 月 31 日,某公司按收盘价计算的资产总额为 26 789 万元,其负债总额为 345 万元,已售出 10 000 万份基金单位。

资料三 假定 2021 年 12 月 31 日某投资者持有该基金 2 万份,到 2022 年 12 月 31 日,该基金投资者持有的份数不变,预计此时基金单位净值为 3.25 元。

要求 (1) 根据资料一计算 2021 年 1 月 1 日该公司的下列指标:① 基金净资产价值总额;② 基金单位净值;③ 基金认购价;④ 基金赎回价。

(2) 根据资料二计算 2021 年 12 月 31 日的该公司基金单位净值。

(3) 根据资料三计算 2022 年该投资者的预计基金收益率。

单元三测试

一、单项选择题(每题 1 分,共 15 分)

1. 下列证券中,能更好地规避证券投资购买力风险的是(　　)。
   A. 普通股　　　B. 优先股　　　C. 公司债券　　　D. 国库券
2. 投资国债时不必考虑的风险是(　　)。
   A. 违约风险　　B. 利率风险　　C. 购买力风险　　D. 再投资风险
3. 在证券投资中因通货膨胀带来的风险是(　　)。
   A. 违约风险　　B. 利息率风险　C. 购买力风险　　D. 流动性风险
4. 某公司发行 5 年期债券,债券的面值为 1 000 元,票面利率 5%,每年付息一次,到期还本,投资者要求的必要报酬率为 6%,则该债券的价值为(　　)元。
   A. 784.67　　　B. 943.13　　　C. 1 000　　　　D. 957.92
5. 某公司拟发行面值为 1 000 元、不计复利、5 年后一次还本付息、票面利率为 10% 的债券,已知发行时资金市场的年利率为 12%,则公司债券的发行价格为(　　)元。
   A. 851.10　　　B. 907.84　　　C. 931.35　　　　D. 993.44
6. 某人以 40 元的价格购入一张股票,该股票目前的股利为每股 1 元,股利增长率为 2%,一年后以 50 元的价格出售,则该股票的投资收益率应为(　　)。
   A. 2%　　　　B. 20%　　　　C. 21%　　　　　D. 27.55%
7. 通货膨胀会影响股票价格,当发生通货膨胀时,股票价格(　　)。
   A. 降低　　　　　　　　　　　　B. 上升
   C. 不变　　　　　　　　　　　　D. 以上三种都有可能

8. 某公司发行的股票,预期报酬率为20%,最近刚支付的股利为每股2元,估计股利增长率为10%,则该种股票的价值为(　　)。
    A. 20元/股　　　B. 24元/股　　　C. 22元/股　　　D. 18元/股
9. 最佳证券投资组合策略是要尽量模拟市场现状,将尽可能多的证券包括进来,以便分散掉全部可分散风险,得到与市场所有证券的平均报酬同样的报酬,这种策略是(　　)。
    A. 适中型策略　　B. 冒险型策略　　C. 保守型策略　　D. 混合型策略
10. 证券投资组合能分散掉(　　)。
    A. 所有风险　　　　　　　　　　B. 系统风险(不可分散风险)
    C. 非系统风险(可分散风险)　　　D. 市场风险
11. 当投资的必要收益率等于无风险收益率时,β系数(　　)。
    A. 大于1　　　B. 等于1　　　C. 小于1　　　D. 等于0
12. 当两种证券完全负相关时,由此所形成的证券投资组合(　　)。
    A. 能适当地分散风险　　　　　　B. 不能分散风险
    C. 可分散掉全部可分散风险　　　D. 风险等于单项证券风险的加权平均
13. 根据组织形式的不同,基金可分为(　　)。
    A. 公募基金和私募基金　　　　　B. 封闭式基金和开放式基金
    C. 公司型基金和契约型基金　　　D. 上市基金和非上市基金
14. 基金的价值取决于(　　)。
    A. 基金净资产账面价值
    B. 基金净资产市场价值
    C. 基金资产能给投资者带来的现金流量
    D. 基金净资产能给投资者带来的现金流量
15. 基金的发行价等于(　　)。
    A. 基金单位净额+发行手续费　　　B. 基金单位净额-发行手续费
    C. 基金单位资产额+发行手续费　　D. 基金单位资产额-发行手续费

二、多项选择题(每题1分,共10分)

1. 按照证券发行主体的不同,证券可以分为(　　)。
    A. 政府证券　　B. 金融证券　　C. 公司证券　　D. 私募证券
2. 有关固定收益证券和变动收益证券的说法正确的有(　　)。
    A. 固定收益证券风险较小,报酬也小　　B. 变动收益证券风险较大,报酬也大
    C. 固定收益证券风险较大,报酬也大　　D. 变动收益证券风险较小,报酬也小
3. 下列会影响债券投资收益率的因素有(　　)。
    A. 票面价值　　B. 持有期限　　C. 购买价格　　D. 市场利率
4. 短期债券投资的目的主要是(　　)。
    A. 合理利用暂时闲置资金　　B. 调节现金余额,获得收益
    C. 获得稳定收益　　　　　　D. 增强资产流动性
5. 股票投资能够给投资者带来的现金流入量为(　　)。
    A. 股利　　　B. 买卖差价　　C. 利息　　　D. 出售价格

6. 影响股票内在价值的因素有( )。
   A. 预期股利报酬　　　　　　　　B. 金融市场利率
   C. 投资者预计持有期限　　　　　D. 股票预计出售价格
7. 证券投资组合的方法有( )。
   A. 选择足够数量的证券进行组合
   B. 把风险大、风险中等、风险小的证券组合在一起
   C. 把投资报酬呈负相关的证券组合在一起
   D. 把投资报酬呈正相关的证券组合在一起
8. β 系数是衡量风险大小的重要指标,下列表述正确的有( )。
   A. β 系数越大,说明风险越大
   B. 某股票 β 系数为 0,说明该股票无风险
   C. 某股票 β 系数等于 1,说明其风险等于证券市场的平均风险
   D. 某股票 β 系数大于 1,说明其风险大于证券市场的平均风险
9. 开放式基金的报价形式有( )。
   A. 认购价和赎回价　　　　　　　B. 认购价和卖出价
   C. 赎回价和买入价　　　　　　　D. 卖出价和买入价
10. 下列各项中,属于基金投资优点的是( )。
    A. 具有专家理财的优势　　　　　B. 具有资金规模优势
    C. 可以完全规避投资风险　　　　D. 可以获得很高的投资收益

三、判断题(每题 1 分,共 10 分)

1. 短期债券与长期债券相比,利息率风险大,再投资风险小。　　　　　　　　( )
2. 固定收益证券是指在证券的票面上规定有固定收益率的证券,通常债券和优先股属于固定收益证券。固定收益证券风险较小,报酬较高。　　　　　　　　　　　　( )
3. 计算短期债券收益率时一般不需要考虑时间价值。　　　　　　　　　　　( )
4. 流通债券的面值是固定的,但它的价格经常变化,因此债券发行者计息是以债券价格为根据,而不是以其固定的面值为依据。　　　　　　　　　　　　　　　　( )
5. 测算股票投资收益率时,若持有期限短于一年,则不需要考虑资金的时间价值。
   　　　　　　　　　　　　　　　　　　　　　　　　　　　　　　　　　( )
6. 进行股票投资,其所承担的风险大于债券投资的风险,因此其获得的收益也一定大于债券投资的收益。　　　　　　　　　　　　　　　　　　　　　　　　　( )
7. 两种完全正相关的股票组成的证券投资组合,不能抵消任何风险。　　　　( )
8. 把风险大、风险中等、风险小的证券组合在一起进行投资,不会承担巨大风险,是一种常见的组合方法。　　　　　　　　　　　　　　　　　　　　　　　　( )
9. 为了有效地分散风险,每个投资者拥有股票的数量是越多越好。　　　　　( )
10. 基金投资具有专家理财优势和资金规模优势,因此投资者能在不承担风险的情况下获得较高收益率。　　　　　　　　　　　　　　　　　　　　　　　　　( )

四、计算分析题(共 65 分)

1. **资料** 某企业计划利用一笔长期资金投资购买股票,现在有 A、B 两种股票可供选择。A 股票现行市价为每股 4 元,上年每股股利为 0.18 元,预计以后每年以 5% 的速度增

长。B 股票现行市价为每股 8.9 元,上年每股股利为 0.9 元,股利固定不变。该企业要求的必要报酬率为 10%。

  要求 (1) 利用股票估价模型,分别计算 A、B 两种股票的内在价值。
     (2) 如果该企业只投资一种股票,请对这两种股票进行分析与决策。(共 15 分)

  2. **资料** 某股票为固定成长股票,其增长率为 5%,预计第一年的股利为 5 元/股,假定目前国库券收益率为 6%,所有股票的平均收益率为 10%,而该股票的 β 系数为 1.2。

  要求 根据以上资料,计算该公司股票的价值。(共 10 分)

  3. **资料** 假设某基金持有三种股票的数量分别为 50 万股、50 万股和 100 万股,每股的市价分别为 30 元、20 元和 10 元,银行存款为 2 000 万元。该基金负债有两项:对托管人或管理人应付的报酬为 900 万元,应付税金为 800 万元,已经售出的基金单位为 5 000 万份。

  要求 计算基金单位净值。(共 10 分)

  4. **资料** 某公司发行公司债券,面值为 3 000 元,票面利率为 10%,期限为 6 年。已知市场利率为 8%。

  要求 (1) 债券为按年付息、到期还本,发行价格为 3 100 元,分析投资者是否愿意购买。
     (2) 债券为单利计息、到期一次还本付息债券,发行价格为 3 050 元,分析投资者是否愿意购买。

(3) 债券为贴现债券,到期归还本金,发行价为 1 900 元,分析投资者是否愿意购买。(共 15 分)

5. **资料** 某企业持有甲、乙、丙三种股票构成的证券组合,其 β 系数分别为 2.0、1.5 和 0.8,在证券组合中各自所占的比重分别为 30%、30% 和 40%,股票市场上的平均收益率为 10%,无风险收益率为 5%。

要求 (1) 计算该证券投资组合的 β 系数。

(2) 计算该证券投资组合的风险收益率。

(3) 计算该证券投资组合的必要收益率。(共 15 分)

单元四

项目投资决策

模块一 认识现金流量

一、训练要求

基本能力目标

- 能认知项目投资的含义、特点和一般程序
- 能理解项目计算期、项目投资成本
- 能理解现金流量的内容
- 能掌握现金流量的估算
- 能认识到现金流量是企业运营的血液,为维护企业的正常运营,正确理解和计算现金流量是财务人员的职业操守

重点

- 项目计算期、项目投资成本计算
- 现金流量内容的构成
- 现金流量的估算

难点

- 现金流量内容的构成
- 现金流量的估算

二、公式整理

三、基本知识训练

（一）单项选择题

1. 投资项目建成后，每年支出的运营成本属于(   )。
   A. 现金流入量 B. 现金流出量
   C. 现金净流量 D. 以上三项都不是

2. 项目投资决议计划中，完整的项目计算期是指(   )。
   A. 建设期 B. 经营期
   C. 建设期＋达产期 D. 建设期＋经营期

3. 某项目投资需要的固定资产投资额为200万元，无形资产投资为50万元，流动资金投资为10万元，则该项目的原始投资为(   )万元。
   A. 260 B. 250 C. 210 D. 200

4. 一般而言，流动资金回收发生于(   )。
   A. 建设起点 B. 投产日 C. 经营期任一时点 D. 项目终结点

5. 某投资项目投产后，年营业收入100万元，年付现成本60万元，所得税10万元，该项目的现金净流量是(   )万元。
   A. 30 B. 40 C. 50 D. 70

6. 某投资项目投产后，年营业收入100万元，年付现成本60万元，年折旧额为10万元，所得税税率为25%，该项目的现金净流量是(   )万元。
   A. 20 B. 32.5 C. 40 D. 47.5

7. 下列各项中，不属于投资项目现金流出量内容的是(   )。
   A. 固定资产投资 B. 无形资产投资 C. 折旧与摊销 D. 付现成本

8. 经营期净现金流量的计算公式可简化为(   )。
   A. 净利润＋折旧或摊销 B. 营业收入－付现成本
   C. 营业收入－付现成本－折旧 D. 净利润－折旧或摊销

9. 某企业投资方案的年销售收入为180万元，年销售成本和费用为120万元，其中折旧额20万元，所得税税率为25%，则该投资方案的年现金净流量为(   )万元。
   A. 60 B. 45 C. 80 D. 65

10. 当新建项目的建设期不为 0 时,建设期内各年的净现金流量(　　)。
   A. 小于 0 或等于 0　　　　　　　　B. 大于 0
   C. 小于 0　　　　　　　　　　　　D. 等于 0

(二) 多项选择题

1. 关于项目投资,下列说法不正确的是(　　)。
   A. 投资内容独特,投资数额多,投资风险小
   B. 项目计算期 = 建设期 + 达产期
   C. 达产期 = 经营期 – 试产期
   D. 达产期指的是投产日至达产日的期间
2. 项目投资相对于其他投资而言,具有(　　)的特点。
   A. 投资金额大　　B. 影响时间长　　C. 变现能力强　　D. 投资风险小
3. 现金流入量包括(　　)。
   A. 每年增加的收入额　　　　　　　B. 终结点的回收额
   C. 每年增加的营运成本　　　　　　D. 每年计提的折旧额
4. 现金流出量包括(　　)。
   A. 投资追加额　　　　　　　　　　B. 流动资产投资
   C. 营运成本　　　　　　　　　　　D. 无形资产摊销额
5. 在考虑了所得税因素之后,经营期的现金净流量可按下列(　　)公式计算。
   A. 年现金净流量 = 营业收入 – 付现成本 – 所得税
   B. 年现金净流量 = 税后利润 + 折旧
   C. 年现金净流量 = 税后收入 – 税后付现成本 + 折旧
   D. 年现金净流量 = (收入 – 付现成本 – 折旧) × (1 – 所得税税率) + 折旧
6. 项目总投资由(　　)构成。
   A. 建设投资　　　　　　　　　　　B. 流动资金投资
   C. 建设期资本化利息　　　　　　　D. 经营成本投资

(三) 判断题

1. 项目投资就是指固定资产的投资。(　　)
2. 项目投资是指企业以新增生产能力为目的的投资。(　　)
3. 固定资产折旧额应计入项目投资的现金流出量,而固定资产报废时的变价收入应计入现金流入量。(　　)
4. 项目投资决策使用的现金流量实际就是指各种货币资金。(　　)
5. 投资总额是反映项目投资总体规模的价值指标,它等于原始投资与建设期资本化利息之和。(　　)
6. 一般情况下,建设期计算出来的净现金流量总为负数。(　　)

四、基本能力训练

基本能力训练一

资料 甲公司以200万元投资一个新项目,预计使用5年,假定项目到期后无残值,用直线法计提折旧。项目建成后,预计第一年营业收入为80万元,付现成本30万元,所得税税率为25%。

要求 根据上述资料,计算该项目投产后第一年的现金净流量。

基本能力训练二

资料 公司准备购建一项固定资产,需在建设起点一次性投入全部资金320万元,建设期为1年。固定资产的预计使用寿命为10年,期末有20万元净残值,按直线法计提折旧。预计投产后每年可使企业新增销售收入为350万元,每年付现成本为180万元。公司所得税税率为25%。

要求 根据所给资料计算项目的现金净流量。

五、综合能力训练

资料 某项目投资总额为150万元,其中固定资产投资110万元,建设期为2年,于建设起点分2年平均投入。无形资产投资20万元,于建设起点投入。流动资金投资20万元,于投产开始垫付。该项目经营期10年,固定资产按直线法计提折旧,期满有10万元净残值;无形资产于投产开始分5年平均摊销;流动资金在项目终结时可一次全部收回。另外,预计项目投产后,前5年每年可获得40万元的营业收入,并发生38万元的总成本;后5年每年可获得60万元的营业收入,发生40万元的付现成本。已知所得税税率为25%。

要求 根据上述资料,计算该项目投资在项目计算期内各年的现金净流量。

模块二 学会项目投资的评价与决策

一、训练要求

基本能力目标

- ◆ 能掌握投资项目决策指标的基本含义
- ◆ 能掌握投资项目决策指标的计算方法
- ◆ 能运用投资项目决策指标决策
- ◆ 能理解投资项目决策指标应用时的利弊
- ◆ 能认识到掌握项目投资决策指标,可为企业正确的投资决策提供参考,反之则可能带来重大损失,努力学习、提升决策能力是财务人员应尽的职责

重点

- ◆ 投资项目决策指标的计算
- ◆ 投资项目决策基本方法的应用

难点

- ◆ 投资决策指标基本含义的领悟及计算方法的应用
- ◆ 投资决策指标的内在联系

二、公式整理

三、基本知识训练

(一) 单项选择题

1. 下列属于非贴现现金流量指标的是(　　)。
   A. 净现值　　　　B. 投资收益率　　　C. 内含报酬率　　　D. 现值指数

2. 当某方案的净现值大于0时,其内含报酬率(　　)。
   A. 可能小于0　　　　　　　　　　B. 一定等于0
   C. 一定大于设定折现率　　　　　D. 一定小于设定折现率

3. 如果其他因素不变,一旦折现率提高,那么下列指标中其数值将变小的是(　　)。
   A. 净现值　　　　　　　　　　　B. 会计收益率
   C. 内含报酬率　　　　　　　　　D. 静态投资回收期

4. 当某方案的净现值小于0时,其内含报酬率(　　)。
   A. 可能小于0　　　　　　　　　　B. 一定等于0
   C. 一定大于设定折现率　　　　　D. 一定小于设定折现率

5. 在下列评价指标中,属于非折现指标的是(　　)。
   A. 现值指数　　　　　　　　　　B. 静态投资回收期
   C. 内含报酬率　　　　　　　　　D. 净现值

6. 在下列评价指标中,属于非折现正指标的是(　　)。
   A. 静态投资回收期　　　　　　　B. 投资收益率
   C. 内含报酬率　　　　　　　　　D. 净现值

7. 已知某投资项目按14%折现率计算的净现值大于0,按16%折现率计算的净现值小于0,则该项目的内含报酬率一定(　　)。
   A. 大于14%,小于16%　　　　　B. 小于14%
   C. 等于15%　　　　　　　　　　D. 大于16%

8. 某企业拟进行一项固定资产投资决策,按15%的贴现率所计算的净现值指标为100万元,资金成本为8%。下列表述正确的是(　　)。
   A. 该项目按15%折现率计算的现值指数小于1
   B. 该项目的内含报酬率小于8%
   C. 该项目的内含报酬率一定大于15%
   D. 该企业不应进行此项投资

9. 假设某项目的原始投资在建设期初全部投入,其预计的净现值率为0.15,则该项目的获利指数是(　　)。
   A. 6.67　　　　　B. 1.15　　　　　C. 1.5　　　　　D. 1.125

10. 下列指标的计算中,没有直接利用净现金流量的是(　　)。
    A. 内含报酬率　　　　　　　　　B. 投资收益率
    C. 净现值率　　　　　　　　　　D. 获利指数

11. 假设某项目的原始投资在建设期初全部投入,其预计的获利指数为1.25,则该项目的净现值率是(　　)。

  A. 0.75　　　　　B. 0.125　　　　　C. 0.25　　　　　D. 0.8

12. 如果某一投资方案的净现值为正数,那么必然存在的结论是(　　)。

  A. 投资回收期在一年以内　　　　　B. 获利指数大于 1

  C. 投资收益率大于 100%　　　　　D. 年均现金净流量大于原始投资

13. 某企业计划投资 10 万元建一条生产线,预计投资后每年可获净利 1.5 万元,固定资产的年折旧率为 10%,则投资回收期为(　　)。

  A. 3 年　　　　　B. 5 年　　　　　C. 4 年　　　　　D. 6 年

(二) 多项选择题

1. 下列指标中,属于动态指标的有(　　)。

  A. 现值指数　　　　　　　　　　　B. 净现值

  C. 内含报酬率　　　　　　　　　　D. 投资收益率

2. 未考虑货币时间价值的主要决策方法有(　　)。

  A. 内含报酬率法　　　　　　　　　B. 现值指数法

  C. 静态投资回收期法　　　　　　　D. 投资收益率法

3. 对独立项目进行可行性评价时,下列表述正确的有(　　)。

  A. 用项目的净现值与 0 比,说明该项目是否可行

  B. 用项目的获利指数与 1 比,说明该项目是否可行

  C. 用项目的内含报酬率与资金成本相比,说明该项目是否可行

  D. 净现值法、现值指数法与内含报酬法下,决策结论相同

4. 下列表述正确的有(　　)。

  A. 当净现值等于 0 时,项目的贴现率等于内含报酬率

  B. 当净现值大于 0 时,现值指数小于 1

  C. 当净现值大于 0 时,说明投资方案可行

  D. 当净现值大于 0 时,项目设定的贴现率小于投资项目的内含报酬率

5. 下列投资决策指标中,其数值越大越好的指标是(　　)。

  A. 净现值率　　　　　　　　　　　B. 净现值

  C. 内含报酬率　　　　　　　　　　D. 静态投资回收期

6. 如果其他因素不变,一旦折现率提高,那么下列指标中数值将会变小的是(　　)。

  A. 净现值率　　B. 净现值　　C. 内含报酬率　　D. 获利指数

7. 评价投资方案的投资回收期指标的主要缺点是(　　)。

  A. 不能衡量企业的风险　　　　　　B. 没有考虑资金时间价值

  C. 没有考虑回收期后的现金流量　　D. 不能衡量投资报酬率的高低

8. 下列说法正确的有(　　)。

  A. 净现值法能反映各种投资方案的净现值收益

  B. 净现值法不能反映投资方案的实际报酬

  C. 投资利润率简明,但没有考虑资金时间价值

  D. 获利指数有利于在初始投资额不同的投资方案之间进行对比

9. 当一项长期投资方案的净现值小于0时,则可以认为(　　)。
   A. 该方案折现后现金流入小于折现后现金流出
   B. 该方案的获利指数大于预定的贴现率
   C. 该方案的获利指数一定小于0
   D. 该方案应该拒绝,不能投资
10. 影响内含报酬率的因素有(　　)。
    A. 企业最低投资收益率　　　　B. 初始投资金额
    C. 投资项目有效年限　　　　　D. 银行贷款利率
11. 年金净流量法的优点是(　　)。
    A. 能对寿命期不同的互斥方案进行决策
    B. 考虑了资金的时间价值
    C. 利用了全部现金净流量的信息
    D. 便于对原始投资额不相等的独立投资方案进行决策

(三) 判断题

1. 净现值与现值指数之间存在一定的对应关系,当净现值大于0时,现值指数大于0但小于1。（　　）
2. 资金成本是投资人对投入资金所要求的最低收益率,项目的内含报酬率如大于资金成本则净现值一定大于0,该项目可行。（　　）
3. 在评价投资项目的财务可行性时,如果静态投资回收期或投资收益率的评价结论与净现值指标的评价结论发生矛盾,应当以净现值指标的结论为准。（　　）
4. 在不考虑资金时间价值的前提下,投资回收期越短,反映项目的获利能力越强。（　　）
5. 一般情况下,使得某投资项目的净现值小于0的折现率一定大于该投资项目的内含报酬率。（　　）
6. 内含报酬率是指在项目寿命周期内能使投资项目的获利指数等于1的折现率。（　　）
7. 若A方案的内含报酬率高于B方案的内含报酬率,则A方案的净现值也一定大于B方案的净现值。（　　）
8. 在长期投资决策评价指标中,内部收益率的计算本身与项目设定的折现率高低无关。（　　）
9. 某一投资方案按10%的贴现率计算的净现值小于0,说明该方案内含报酬率大于10%。（　　）
10. 在评价投资方案优劣时,如果贴现指标的评价结果与非贴现指标产生矛盾,应以贴现指标的评价分析为准。（　　）
11. 年金净流量法既适用于寿命期限相同投资方案的比较,也适用于寿命期限不同方案的比较。（　　）

四、基本能力训练

基本能力训练一

资料 有甲、乙两种投资方案,甲方案总投资50万元,5年内每年可带来现金净流入16万元;乙方案总投资52万元(一次性投入),5年内各年可带来现金净流入如下:

年 份	1	2	3	4	5
净现金流量/万元	10	12	15	16	18

要求 (1) 计算甲、乙方案的静态投资回收期。如果企业要求的投资回收期为2年,分别判断两方案是否可行。

(2) 计算甲、乙两方案的净现值,分别判断两方案是否可行(预定折现率为5%)。

基本能力训练二

资料 企业购入某项设备,需要一次性投资10万元,使用年限5年,期满无残值。该设备投入使用后,每年可为企业带来净利润1.5万元。

要求 (1) 计算该项投资的净现值和现值指数(预定折现率为5%),判断该项目是否可行。

(2) 计算该项目的内含报酬率。如该项目资金成本为5%,判断该项目是否可行。

基本能力训练三

资料 某投资方案,当折现率为16%时,其净现值为338元,当折现率为18%时,其净现值为-22元。

要求 计算该投资方案的内含报酬率。

基本能力训练四

资料 某企业拟建一项固定资产,需投资 20 万元,按直线法计提折旧,使用寿命为 10 年,无残值。该工程当年投产,预计投产后每年可获净利润 5 万元。假定该项目的行业基准折现率为 10%。已知 $(P/A, 36\%, 10) = 2.6495$。

要求 （1）计算静态投资回收期。
（2）计算净现值、净现值率、年金净流量、现值指数和内含报酬率。
（3）分别运用净现值、净现值率、现值指数和内含报酬率指标判断该项目是否可行。

基本能力训练五

资料 某企业拟进行一项固定资产投资,已知该项目的折现率为 6%,该项目的现金流量表(部分)如下:

单位:万元

项 目	建设期		经营期					合计
	0	1	2	3	4	5	6	
净现金流量	−1 000	−1 000	100	1 000	1 800	1 000	1 000	2 900
累计净现金流量	−1 000	−2 000	−1 900	−900	900	1 900	2 900	—
折现净现金流量	−1 000	−943.4	89	839.6	1 425.8	747.3	705	1 863.3

要求 （1）计算或确定下列指标:① 静态投资回收期;② 净现值;③ 现值指数。
（2）评价该项目的财务可行性。

基本能力训练六

资料 某企业需要投资一项小型新设备,有甲、乙两个投资方案:甲方案须一次性投资 13 000 元,可用 6 年,残值 1 000 元,每年取得税后营业利润 3 500 元;乙方案须一次性投资 13 000 元,可用 5 年,无残值,第 1 年获利 3 000 元,以后每年递增 10%。假设资金成本率为 10%。

要求 试分析该企业应采用哪种方案。

五、综合能力训练

综合能力训练一

资料 某企业计划投资一项目,有甲、乙两个方案。两方案只能选择其一。

(1) 甲方案原始投资为150万元,其中:固定资产投资100万元,流动资产投资50万元,固定资产投资于建设起点一次投入,流动资产投资于完工时投入。该项目建设期1年,经营期5年,到期残值收入5万元。预计投产后年营业收入90万元,年付现成本60万元。

(2) 乙方案原始投资为210万元,其中:固定资产投资120万元,无形资产投资25万元,流动资金投资65万元。固定资产和无形资产投资于建设起点一次投入,流动资金于完工时投入。该项目建设期1年,经营期5年,到期残值收入8万元,无形资产自投产年份一次性摊销完毕。该项目投产后,预计年营业收入170万元,年付现成本80万元。

该企业按直线法折旧,全部流动资金于终结点一次收回,所得税税率为25%,设定折现率为10%。

要求 (1) 判断该企业应通过哪些指标来决策,决策的标准是什么?

(2) 判断该企业应选择哪个方案。

综合能力训练二

资料 某完整工业投资项目原始总投资650万元,其中:固定资产投资500万元,流动资产投资100万元,其余为无形资产投资。全部投资均为自有资金,项目建设期2年,经营期10年,除流动资金投资在项目完工时投入外,其余资金均于建设起点一次投入。固定资产按直线法计提折旧,期满有净残值40万元,无形资产从投产年份起分10年摊销完毕,流动资金于终结点一次收回。预计项目投产后每年营业收入和付现成本分别为380万元和129万元,所得税税率为25%。

要求 计算该项目下列指标:

(1) 项目计算期,无形资产投资额,固定资产年折旧额,无形资产年摊销额。

(2) 项目各年的净现金流量。

(3) 如果该项目的折现率为10%,请计算该项目的净现值、净现值率和获利指数。

(4) 根据(3)计算的结果评价项目的可行性。

单元四测试

一、单项选择题(每题 1 分,共 15 分)

1. 投资项目建成后,每年取得的营业收入是( )。
   A. 现金流入量 B. 现金流出量
   C. 现金净流量 D. 以上三项都不是

2. 项目投资决议计划中,完整的项目计算期是指( )。
   A. 建设期 B. 生产经营期
   C. 建设期+达产期 D. 建设期+经营期

3. 某项目投资需要的固定资产投资额为 200 万元,无形资产投资为 50 万元,流动资金投资为 10 万元,则该项目的建设投资为( )万元。
   A. 260 B. 250 C. 210 D. 200

4. 一般而言,流动资金投资发生于( )。
   A. 建设起点 B. 投产日
   C. 经营期任一时点 D. 项目终结点

5. 某投资项目投产后,年营业收入 100 万元,付现成本 60 万元,所得税 10 万元,该项目的现金净流量是( )万元。
   A. 30 B. 40 C. 50 D. 70

6. 某投资项目投产后,年营业收入 100 万元,年付现成本 60 万元,年折旧额为 10 万元,所得税税率为 25%,该项目的现金净流量是( )万元。
   A. 20 B. 32.5 C. 40 D. 47.5

7. 当新建项目的建设期不为 0 时,建设期内各年的净现金流量( )。
   A. 小于 0 或等于 0 B. 大于 0 C. 小于 0 D. 等于 0

8. 下列属于非贴现现金流量指标的是( )。
   A. 净现值 B. 净现值率
   C. 内含报酬率 D. 静态投资回收期

9. 当某方案的净现值小于 0 时,其内含报酬率( )。
   A. 可能小于 0 B. 一定等于 0
   C. 一定大于设定折现率 D. 一定小于设定折现率

10. 如果其他因素不变,一旦折现率提高,那么下列指标中其数值将变小的是( )。
    A. 净现值 B. 投资收益率
    C. 内含报酬率 D. 静态投资回收期

11. 在下列评价指标中,属于非折现正指标的是( )。
    A. 静态投资回收期 B. 投资收益率
    C. 内含报酬率 D. 净现值

12. 已知某投资项目按14%折现率计算的净现值大于0,按16%折现率计算的净现值小于0,则该项目的内含报酬率肯定(　　)。
    A. 大于14%,小于16%　　　　　　B. 小于14%
    C. 等于15%　　　　　　　　　　D. 大于16%
13. 某企业拟进行一项固定资产投资决策,按8%的贴现率所计算的净现值指标为－100元,资金成本为8%。下列表述正确的是(　　)。
    A. 该项目按8%折现率计算的现值指数小于1
    B. 该项目内含报酬率等于8%
    C. 该项目的内含报酬率一定大于8%
    D. 该企业应进行此项投资
14. 假设某项目的原始投资在建设期初全部投入,其预计的净现值率为0.45,则该项目的获利指数是(　　)。
    A. 0.55　　　　B. 1.45　　　　C. 1.55　　　　D. 1.25
15. 下列指标的计算中,没有直接利用净现金流量的是(　　)。
    A. 内含报酬率　　　　　　　　　B. 投资收益率
    C. 静态投资回收期　　　　　　　D. 获利指数

二、多项选择题(每题1分,共10分)

1. 下列各项中,属于投资项目现金流出量内容的是(　　)。
    A. 固定资产投资　　　　　　　　B. 无形资产投资
    C. 折旧与摊销　　　　　　　　　D. 付现成本
2. 项目投资相对于其他投资而言,具有(　　)的特点。
    A. 投资金额大　　B. 影响时间长　　C. 变现能力弱　　D. 投资风险大
3. 现金流入量包括(　　)。
    A. 每年取得的营业收入　　　　　B. 终结点收回的固定资产余值
    C. 终结点收回的流动资金投资　　D. 每年计提的折旧额
4. 现金流出量包括(　　)。
    A. 建设投资　　　　　　　　　　B. 流动资产投资
    C. 付现成本　　　　　　　　　　D. 无形资产摊销额
5. 在考虑了所得税因素之后,经营期的现金净流量可按下列(　　)公式计算。
    A. 年现金净流量 = 营业收入 － 付现成本 － 所得税
    B. 年现金净流量 = 税后利润 + 折旧
    C. 年现金净流量 = 税后收入 － 税后付现成本 + 折旧
    D. 年现金净流量 = (收入 － 付现成本 － 折旧) × (1 － 所得税税率) + 折旧
6. 项目总投资由(　　)构成。
    A. 建设投资　　　　　　　　　　B. 流动资金投资
    C. 建设期资本化利息　　　　　　D. 经营成本投资
7. 下列指标中,属于动态指标的有(　　)。
    A. 现值指数　　　　　　　　　　B. 净现值
    C. 内含报酬率　　　　　　　　　D. 投资收益率

8. 下列长期投资决策指标中,其数值越大越好的指标是( )。
   A. 净现值率   B. 净现值
   C. 内含报酬率   D. 静态投资回收期
9. 如果其他因素不变,一旦折现率提高,那么下列指标中数值将会变小的是( )。
   A. 净现值率   B. 净现值   C. 内含报酬率   D. 获利指数
10. 下列表述正确的有( )。
    A. 当净现值等于0时,项目的贴现率等于内含报酬率
    B. 当净现值大于0时,现值指数大于1
    C. 当净现值大于0时,说明投资方案可行
    D. 当净现值大于0时,项目设定的贴现率小于投资项目的内含报酬率

三、判断题(每题1分,共7分)

1. 固定资产折旧额应计入项目投资的现金流出量,而固定资产报废时的变价收入应计入现金流入量。( )
2. 投资总额是反映项目投资总体规模的价值指标,它等于原始投资与建设期资本化利息之和。( )
3. 建设投资是指在建设期内按一定生产经营规模和建设内容进行的投资。一般包括固定资产投资、无形资产投资和流动资产投资。( )
4. 净现值与现值指数之间存在一定的对应关系,当净现值大于0时,现值指数大于0但小于1。( )
5. 在评价投资项目的财务可行性时,如果静态投资回收期或投资收益率的评价结论与净现值指标的评价结论发生矛盾,应当以净现值指标的结论为准。( )
6. 在不考虑资金时间价值的前提下,投资回收期越短,反映投资项目回收的现金净流量越多。( )
7. 净现值法和年金净流量法的适用情况是相同的。( )

四、计算分析题(共68分)

1. **资料** 公司准备购建一项固定资产,需在建设起点一次性投入全部资金330万元,建设期为1年。固定资产的预计使用寿命为10年,期末有30万元净残值,按直线法计提折旧。预计投产后每年可使企业新增销售收入为350万元,每年付现成本为180万元。公司所得税税率为25%。

   要求 根据所给资料计算项目的现金净流量。(共15分)

2. **资料** 有甲、乙两投资方案,甲方案总投资50万元,5年内每年可带来现金净流入

20万元;乙方案总投资52万元(一次性投入),5年内各年可带来现金净流入如下:

年度	1	2	3	4	5
净现金流量/万元	10	15	25	30	24

要求 （1）计算甲、乙方案的静态投资回收期。如果企业要求的投资回收期为3年,分别判断两方案是否可行。

（2）计算甲、乙两方案的净现值,分别判断两方案是否可行（预定折现率为5%）。（共23分）

3. **资料** 某项目投资总额为150万元,其中固定资产投资110万元,建设期为2年,于建设起点分2年平均投入。无形资产投资20万元,于建设起点投入。流动资金投资20万元,于投产开始垫付。该项目经营期10年,固定资产按直线法计提折旧,期满有10万元净残值;无形资产于投产开始分5年平均摊销;流动资金在项目终结时可一次全部收回。另外,预计项目投产后,前5年每年可获得40万元的营业收入,并发生38万元的总成本;后5年每年可获得60万元的营业收入,发生40万元的付现成本。所得税税率为25%,项目设定的折现率为10%。

要求 （1）计算该项目投资在项目计算期内各年的现金净流量。

（2）通过净现值指标的计算,判断该项目是否可行。（共30分）

单元五

营运资金管理

模块一 认识营运资金

一、训练与测试要求

基本能力目标

- ◆ 能认知营运资金的概念与特点
- ◆ 能理解营运资金的管理原则
- ◆ 能在营运资金的管理原则下为企业谋求最大收益

重点

- ◆ 对营运资金含义的领悟

难点

- ◆ 营运资金的投资与融资策略的运用

二、公式整理

三、基本知识训练

(一) 单项选择题

1. 广义的营运资金是指(　　)。
   A. 流动资产　　　　　　　　　　　　B. 流动资产－流动负债
   C. 全部资产－全部负债　　　　　　　D. 库存现金
2. 一个企业必须选择与其业务需要和管理风格相符合的流动资产投资战略。如果企业管理政策趋于保守,就会选择(　　)的流动资产水平。
   A. 较高　　　　B. 较低　　　　C. 平缓　　　　D. 正常
3. 流动资产的永久性水平具有相对稳定性,是一种长期的资金需求,需要通过(　　)解决。
   A. 长期负债融资或权益性资金　　　　B. 短期融资
   C. 流动负债　　　　　　　　　　　　D. 权益性资金
4. 下列不属于营运资金管理原则的是(　　)。
   A. 保证合理的资金需求　　　　　　　B. 节约资金使用成本
   C. 提高资金使用效率　　　　　　　　D. 保持较低短期偿债能力

(二) 多项选择题

1. 营运资金的特点有(　　)。
   A. 来源具有灵活多样性　　　　　　　B. 数量具有波动性
   C. 周转具有短期性　　　　　　　　　D. 实物形态具有变动性和易变现性
2. 下列属于企业营运资金的有(　　)。
   A. 现金　　　　B. 原材料　　　　C. 应收账款　　　　D. 固定资产
3. 下列属于宽松的流动资产投资战略特点的有(　　)。
   A. 有高水平的流动资产与销售收入比率
   B. 营运风险较小
   C. 保持高水平的现金和应收账款
   D. 投资收益率较高
4. 流动资产的融资政策主要有三种,它们是(　　)。
   A. 保守型融资政策　　　　　　　　　B. 稳健型融资政策
   C. 积极型融资政策　　　　　　　　　D. 中庸型融资政策
5. 下列属于营运资金管理原则的是(　　)。
   A. 保证合理的资金需求　　　　　　　B. 节约资金使用成本
   C. 提高资金使用效率　　　　　　　　D. 保持足够的短期偿债能力

(三) 判断题

1. 净营运资金是指企业流动资产减去流动负债后的余额,其数额越大,代表企业承受

的风险越大。（ ）

2. 如果企业管理政策趋于保守,就会选择较高的流动资产水平,保证更高的流动性,从而盈利能力也就更高。（ ）

3. 保守型融资政策是指企业主要利用长期资金来满足永久性流动资产和一部分甚至是全部波动性流动资产的融资政策。（ ）

4. 积极型融资政策是指企业一般利用长期资金来满足全部波动性流动资产和一部分永久性流动资产的融资政策。（ ）

模块二　学会现金管理

一、训练与测试要求

能力目标

- 能认知企业现金管理的意义
- 能理解机会成本、转换成本、短缺成本与现金持有量的关系
- 能编制现金预算、计算净现金流量和现金余额
- 能掌握最佳现金持有量的计算
- 能遵守现金管理规定,不贪污、挪用和浪费企业现金,守住职业底线,提升现金的收益率

重点

- 对机会成本、转换成本、短缺成本和现金持有量关系的把握
- 现金预算的编制
- 最佳现金持有量的确定

难点

- 机会成本、转换成本、短缺成本和现金持有量的关系
- 编制现金预算数据来源的取得
- 最佳现金持有量确定模式的运用

二、公式整理

三、基本知识训练

（一）单项选择题

1. 在一定范围内,下列不随现金持有量变动而变动的成本是(　　)。
   A. 机会成本　　　B. 管理成本　　　C. 短缺成本　　　D. 转换成本
2. 下列项目中,属于持有现金的机会成本的是(　　)。
   A. 现金管理人员的工资　　　　　B. 现金安全措施的费用
   C. 现金被盗损失　　　　　　　　D. 现金的再投资收益
3. 在确定最佳现金持有量时,成本分析模式和存货管理模式均需要考虑的因素是(　　)。
   A. 持有现金的机会成本　　　　　B. 固定性转换成本
   C. 现金短缺成本　　　　　　　　D. 现金保管成本
4. 最佳现金持有量的存货管理模式中,应考虑的相关成本是(　　)。
   A. 现金管理成本　　　　　　　　B. 占有现金的机会成本
   C. 坏账成本　　　　　　　　　　D. 现金短缺成本
5. 企业现金收支状况比较稳定,全年的现金需要量为 200 000 元,每次转换有价证券的固定成本为 400 元,有价证券的年利率为 10%,则达到最佳现金持有量的全年转换成本是(　　)元。
   A. 1 000　　　　B. 2 000　　　　C. 3 000　　　　D. 4 000
6. 现金作为一种资产,它的(　　)。
   A. 流动性强,盈利性差　　　　　B. 流动性差,盈利性也差
   C. 流动性强,盈利性也强　　　　D. 流动性差,盈利性强
7. 用存货模式确定最佳现金持有量时,只考虑现金的(　　)。
   A. 机会成本　　　　　　　　　　B. 转换成本
   C. 短缺成本　　　　　　　　　　D. 机会成本与转换成本

8. 在一定时期,当现金需要量一定时,与现金持有量成正比的成本是( )。
   A. 机会成本　　　B. 转换成本　　　C. 短缺成本　　　D. 管理成本
9. 某企业预计全年需用现金1 600万元,预计存货周转期为100天,应收账款周转期为50天,应付账款周转期为60天,则现金周转期为( )。
   A. 210天　　　　B. 90天　　　　C. 150天　　　　D. 160天
10. 企业由于现金持有量不足,造成信用危机而给企业带来的损失,属于现金的( )。
    A. 机会成本　　　B. 短缺成本　　　C. 管理成本　　　D. 转换成本
11. 企业为了应付紧急情况而需要保持一定的现金支付能力,这种动机一般称为( )。
    A. 交易动机　　　B. 预防动机　　　C. 投机动机　　　D. 特定需要动机
12. 现金管理的目标是( )。
    A. 尽量使现金的收益最大
    B. 尽量减少现金支出
    C. 加强现金收支计划
    D. 在现金的收益和流动性之间进行合理选择

(二) 多项选择题

1. 企业持有现金的动机有( )。
   A. 交易动机　　　B. 预防动机　　　C. 投资动机　　　D. 投机动机
2. 企业持有现金的成本通常包括( )。
   A. 机会成本　　　B. 管理成本　　　C. 转换成本　　　D. 短缺成本
3. 确定最佳现金持有量的存货模式考虑的成本主要是( )。
   A. 机会成本　　　B. 管理成本　　　C. 短缺成本　　　D. 转换成本
4. 最佳现金持有量的确定方法,常用的有( )。
   A. 现金周转模式　B. 存货模式　　　C. 成本分析模式　D. 销售模式
5. 确定最佳现金持有量的成本分析模式考虑的成本主要是( )。
   A. 机会成本　　　B. 管理成本　　　C. 短缺成本　　　D. 转换成本
6. 在运用现金周转模式确定最佳现金持有量时,现金周转期取决于( )的长短。
   A. 应收账款周转期　　　　　　　B. 存货周转期
   C. 应付账款周转期　　　　　　　D. 固定资产周转期
7. 现金预算通常由( )构成。
   A. 现金收入　　　　　　　　　　B. 现金支出
   C. 现金多余或不足　　　　　　　D. 资金筹集与运用
8. 现金日常管理的内容包括( )。
   A. 力争现金流入量与流出量同步　B. 加速收款
   C. 推迟支付应付款　　　　　　　D. 提高闲置现金的投资收益

(三) 判断题

1. 为保证企业生产经营所需现金,企业持有的现金越多越好。（　）
2. 现金管理的目的,就是将现金持有量减少到最低限度,并能获取最大的经济效益。（　）
3. 企业现金持有量越多,进行证券变现的次数越少,相应的转换成本越小。（　）
4. 现金的短缺成本与现金持有量成正比例关系。（　）
5. 现金的持有成本与现金持有量成正比例关系。（　）
6. 存货模式中,最佳现金持有量就是使现金机会成本、转换成本与短缺成本之和最低的现金持有量。（　）
7. 企业拥有现金所发生的管理成本是一种固定成本,与现金持有量之间无明确的比例关系。（　）
8. 如果不存在应收账款和应付账款,那么现金转换周期等于存货周转期。（　）
9. 现金"浮游量"是指企业账户和银行账户之间在存款余额上出现的差额,产生的原因是现金收支凭证的传递和处理都需要一定的时间。（　）

四、基本能力训练

基本能力训练一

资料 某企业预计全年需用资金 2 000 万元,预计存货周转期为 90 天,应收账款和应付账款周转期均为 60 天。

要求 根据上述资料,用现金周转模式计算最佳现金持有量。

基本能力训练二

资料 某公司预计全年需要支付现金 900 000 元,公司有价证券投资的年收益率为 9%,每笔证券买卖的交易费用为 80 元,每天现金支出量固定不变。

要求 根据上述资料,运用存货模式计算分析下列问题:
(1) 该公司最佳现金持有量。
(2) 现金转换周期(一个月按 30 天计算)。
(3) 最低的现金总成本。

基本能力训练三

资料 某公司现有 A、B、C 三种现金持有方案，具体内容如下：

项　目	方　案		
	A	B	C
现金持有量/万元	100	200	300
机会成本率/%	8	8	8
短缺成本/万元	15	5	0

要求 选择最佳现金持有方案。

五、综合能力训练

资料 某企业现金收支状况比较稳定，预计全年（按 360 天计算）需要现金 150 000 元，现金与有价证券转换成本为每次 300 元，有价证券的年利率为 10%。

要求 （1）计算企业最佳现金持有量。

（2）计算最佳现金持有量下的机会成本、转换成本、有价证券的交易次数及交易间隔期。

模块三　学会应收账款管理

一、训练与测试要求

基本能力目标

- ◆ 能认知应收账款管理的相关成本
- ◆ 能掌握应收账款的机会成本的计算
- ◆ 能掌握企业信用政策的制定方法
- ◆ 能树立保障企业应收账款安全、完整的责任意识

重点

- ◆ 应收账款相关成本的计算
- ◆ 应收账款的信用政策的制定

难点

- ◆ 应收账款的信用政策的制定

二、公式整理

三、基本知识训练

（一）单项选择题

1. 假设某企业预测年度赊销净额为600万元，应收账款周转期为30天，则该企业的应

收账款平均余额为( )。

    A. 20万元   B. 30万元   C. 40万元   D. 50万元

2. 下列不属于应收账款管理成本的是( )。

    A. 有价证券收益率   B. 客户信用情况调查费用
    C. 收集信息费用   D. 催收账款费用

3. 企业适当延长信用期限可以( )。

    A. 减少坏账损失的风险   B. 减少机会成本
    C. 加快周转速度   D. 扩大销售

4. 在下列项目中,不属于信用条件的是( )。

    A. 现金折扣   B. 信用期间
    C. 折扣期间   D. 数量折扣

5. 某企业购入原材料5万元,供货方规定信用条件为"3/10,2/20,N/30",若在第18天付款,则该企业实际支付的货款为( )。

    A. 48 500元   B. 49 000元   C. 49 500元   D. 50 000元

6. 以下对信用期限的表述正确的是( )。

    A. 信用期限越长,坏账发生的可能性越小
    B. 信用期限越长,表明客户享受的现金折扣越多
    C. 延长信用期限,将会减少销售收入
    D. 信用期限越短,收账费用越少

7. 在下列各项中,属于应收账款机会成本的是( )。

    A. 收账费用   B. 应收账款占用资金的应计利息
    C. 坏账损失   D. 对客户进行信用调查的费用

8. 在其他因素不变的情况下,企业采用积极的收款政策可能导致的后果是( )。

    A. 坏账损失增加   B. 应收账款投资增加
    C. 收账费用增加   D. 平均收款期延长

9. 企业将资金占用在应收账款上而放弃其他方面投资可获得的收益是应收账款的( )。

    A. 管理成本   B. 机会成本   C. 坏账成本   D. 缺货成本

10. 下列各项中,不属于应收账款成本构成要素的是( )。

    A. 机会成本   B. 管理成本   C. 坏账成本   D. 短缺成本

(二) 多项选择题

1. 如果企业给客户的信用条件为"1/10,N/45",为早日收回应收账款,可将信用条件改为( )。

    A. 1/10,N/30   B. 1/10,N/60   C. 2/10,N/45   D. 3/10,N/45

2. 应收账款的成本主要有( )。

    A. 机会成本   B. 折扣成本   C. 管理成本   D. 坏账成本

3. 构成企业信用政策的主要内容是( )。

    A. 信用标准   B. 信用条件   C. 信用期限   D. 收账政策

4. 下列各项中,属于应收账款管理成本的是(　　)。
   A. 坏账损失
   B. 收账费用
   C. 客户信誉调查费
   D. 应收账款占用资金的应计利息
5. 下列对信用期限的表述不正确的是(　　)。
   A. 信用期限越长,企业坏账风险越小
   B. 延长信用期限,有利于销售收入增加
   C. 延长信用期限,不利于销售收入增加
   D. 信用期限越长,应收账款机会成本越低
6. 信用条件包括(　　)。
   A. 信用期限　　B. 折扣期限　　C. 现金折扣率　　D. 收账政策
7. 应收账款日常管理的内容包括(　　)。
   A. 应收账款的追踪分析
   B. 应收账款账龄分析
   C. 应收账款的信用标准管理
   D. 应收账款的信用条件
8. 影响应收账款机会成本大小的因素有(　　)。
   A. 全年赊销总额
   B. 变动成本率
   C. 应收账款收账天数
   D. 资金成本率
9. 通过应收账款账龄分析可以了解到(　　)信息。
   A. 尚在信用期限内的客户比例
   B. 已经超过信用期而尚未付款的客户比例
   C. 相关应收账款成为坏账的可能性
   D. 应收账款余额的准确性

(三) 判断题

1. 企业向客户提供现金折扣的主要目的是扩大销售。(　　)
2. 只要企业花费的收账费用越多,坏账损失就会越少,平均收款期也一定会缩短。(　　)
3. 只要花费必要的收账费用,积极做好收账工作,坏账损失是完全可以避免的。(　　)
4. 赊销是扩大销售的有力手段之一,企业应尽可能放宽信用条件,增加赊销量。(　　)
5. 信用标准是指客户获得企业商业信用所具备的最低条件,代表公司愿意承担的最大付款风险的金额。(　　)
6. 关于信用期限的决策标准是:只要延长信用期限增加的收入大于相应的成本增加,就可以延长信用期。(　　)
7. 企业制定收账政策要在增加收账费用与减少坏账损失、减少应收账款机会成本之间进行权衡,若前者大于后者,说明制定的收账政策是可行的。(　　)
8. 信用期限是指企业允许顾客的最短付款时间,即从购货到支付货款的时间间隔。(　　)

四、基本能力训练

基本能力训练一

资料 某公司预测的年度(按360天计算)赊销额为3 000 000元,应收账款平均收账天数为60天,变动成本率为60%,资金成本率为10%。

要求 计算该企业应收账款的机会成本。

基本能力训练二

资料 某公司的年赊销收入为720万元,平均收账期为60天,坏账损失率为10%,年收账费用为5万元。该公司认为通过增加收账人员等措施,可以使平均收账期降为50天,坏账损失率降为7%。假设该公司的资金成本率为6%,变动成本率为50%。

要求 为使上述变更在经济上合理,计算新增收账费用的上限。(一年按360天计算)

五、综合能力训练

资料 某企业生产甲产品的固定成本为80 000元,变动成本率为60%,该企业有两种信用标准选择。A标准:信用条件为"N/30",预计坏账损失率为5%,销售收入为400 000元,预计收账费用为3 000元;B标准:信用条件为"N/45",预计坏账损失率为10%,销售收入为600 000元,预计收账费用为5 000元。上述信用条件下企业均不给予折扣,企业投资的最低收益率为10%。

要求 根据上述资料,计算分析下列指标:
(1) A标准的边际贡献、应收账款机会成本和信用期的净收益。
(2) B标准的边际贡献、应收账款机会成本和信用期的净收益。
(3) 根据计算结果,选择对企业有利的信用标准。

模块四　学会存货管理

一、训练与测试要求

基本能力目标

- ◆ 能认知存货功能和存货成本构成
- ◆ 能掌握存货经济批量的计算
- ◆ 能了解存货管理的 ABC 控制法
- ◆ 能建立存货管理中的财产保全意识、成本节约意识和增效意识

重点

- ◆ 存货成本的计算
- ◆ 经济批量的计算

难点

- ◆ 经济订货批量的确定
- ◆ 存货储存期的控制

二、公式整理

三、基本知识训练

（一）单项选择题

1. 企业存货成本的构成有（　　）。
　A. 取得成本、订货成本、缺货成本　　　　B. 取得成本、购置成本、缺货成本

C. 取得成本、储存成本、缺货成本　　D. 订货成本、储存成本、购置成本

2. 存货 ABC 分类管理法中最基本的分类标准是按(　　)分类的。
   A. 金额　　　　　B. 品种　　　　　C. 数量　　　　　D. 体积
3. 在存在商业折扣的情况下,与经济批量无关的成本是(　　)。
   A. 储存成本　　　B. 购置成本　　　C. 进货成本　　　D. 资金成本
4. 下列属于存货储存成本的是(　　)。
   A. 进货的差旅费　　　　　　　　B. 存货储存的利息成本
   C. 由于材料中断造成的停工损失　　D. 入库的检验费
5. 如果一个公司年销售 16 万件某产品,每年订购 4 次数量相同的存货,那么该公司的平均存货量为(　　)。
   A. 40 000 件　　B. 80 000 件　　C. 20 000 件　　D. 60 000 件
6. 在供货企业不提供数量折扣的情况下,影响经济批量的因素是(　　)。
   A. 购置成本　　　　　　　　　　B. 储存成本中的固定成本
   C. 订货成本中的固定成本　　　　D. 订货成本中的变动成本
7. 某企业全年需要 A 材料 2 400 吨,每次的订货成本为 400 元,每吨材料年储存成本为 12 元,则每年最佳订货次数为(　　)次。
   A. 12　　　　　　B. 6　　　　　　C. 3　　　　　　D. 4
8. 企业针对划分为 A 类的存货,一般宜进行(　　)。
   A. 重点管理　　　　　　　　　　B. 分类管理
   C. 一般管理　　　　　　　　　　D. 分品种管理

(二) 多项选择题

1. 与经济订货批量决策相关的成本有(　　)。
   A. 变动订货成本　　　　　　　　B. 变动储存成本
   C. 缺货成本　　　　　　　　　　D. 购置成本
2. 存货在企业发挥(　　)功能。
   A. 保证生产正常进行
   B. 降低存货取得成本
   C. 有利于销售
   D. 便于维持市场均衡生产,降低产品成本
3. 存货的取得成本通常包括(　　)。
   A. 订货成本　　　B. 购置成本　　　C. 储存成本　　　D. 机会成本
4. 企业存货将会产生的总成本包括(　　)。
   A. 订货成本　　　B. 购置成本　　　C. 储存成本　　　D. 缺货成本
5. 企业存货按照(　　)划分为 A、B、C 三类。
   A. 金额标准　　　B. 品种数量标准　C. 质量标准　　　D. 用途标准
6. 影响订货成本高低的因素有(　　)。
   A. 全年存货需要总量　　　　　　B. 每次订货的数量
   C. 每次订货的品种数量　　　　　D. 每次订货的费用

(三) 判断题

1. 在存货 ABC 分类管理模式下,应当重点管理的是品种数量不多但金额很大的那部分存货。（　）

2. 企业对超过保利期但未过保本期的存货,应当力争在保本期内将其降价销售出去。（　）

3. 在存货年需要总量确定的情况下,经济订货批量越大,进货间隔期越长。（　）

4. 在无商业折扣的情况下,购置成本是不随采购次数变动而变动的,是存货决策的一项无关成本。（　）

四、基本能力训练

资料　某公司预计年消耗乙材料 6 000 千克,单位储存成本为 9 元,平均每次进货费用为 30 元,假设该材料不存在缺货情况。

要求　(1) 计算乙材料的经济采购批量。

(2) 计算年度订货的批次及订货间隔期。

五、综合能力训练

综合能力训练一

资料　某企业全年需外购某材料 8 000 吨,每批进货费用为 400 元,单位材料的年储存成本为 40 元,该材料每吨买价为 1 500 元。销售企业规定:客户每批购买量不足 500 吨,按标准价格计算;每批购买量超过 500 吨,价格优惠 2%;每批购买量超过 1 000 吨,价格优惠 3%。

要求　(1) 计算该企业进货批量为多少时才是有利的。

(2) 计算该企业最佳进货批次。

(3) 计算该企业最佳的进货间隔期为多少天。

综合能力训练二

资料 某商业企业批进批出一批商品共 1 000 件,该批商品单位进价为 18 元(不含增值税),单位售价为 25 元(不含增值税),经销该批商品的固定储存费用为 1 200 元。该批商品的进货款来自银行贷款,年利率为 7.2%,商品的月保管费用率为 3.6%,销售税金及附加为 760 元。

要求 (1) 计算该批商品的保本储存期。
  (2) 若该企业要求获得 14% 的投资利润率,计算保利期。
  (3) 若该批商品实际储存了 150 天,回答能否实现 14% 的目标投资利润率。
  (4) 若该企业商品亏损了 1 008 元,回答实际储存了多少天。

单元五测试

一、单项选择题(每题 1 分,共 15 分)

1. 企业为满足交易动机所持有的现金数量主要取决于(　　)。
   A. 企业的支付能力　　　　　　B. 企业的生产能力
   C. 企业的偿债能力　　　　　　D. 企业的销售水平
2. 不属于流动资产投资特点的是(　　)。
   A. 形态的变动性　　　　　　　B. 数量的波动性
   C. 流动性　　　　　　　　　　D. 投资的集中性
3. 企业将资金占用在应收账款上而放弃其他方面投资可获得的收益是应收账款的(　　)。
   A. 管理成本　　B. 机会成本　　C. 坏账成本　　D. 资金成本
4. 下列不属于信用条件的是(　　)。
   A. 现金折扣　　B. 数量折扣　　C. 信用期间　　D. 折扣期间
5. 在一定时期,当现金需要量一定时,与现金持有量成反向变化的成本是(　　)。
   A. 管理成本　　B. 资金成本　　C. 短缺成本　　D. 机会成本
6. 在存在商业折扣的情况下,与最优经济批量无关的成本有(　　)。
   A. 储存成本　　B. 购置成本　　C. 进货成本　　D. 资金成本
7. 在存货 ABC 管理中,将存货金额很大、品种数量很少的存货划分为(　　)。
   A. A 类　　　　B. B 类　　　　C. C 类　　　　D. AB 类

8. 经济批量是材料的采购量,再订货点是材料的(　　)。
   A. 订货时间　　　B. 采购量　　　C. 最低储存量　　　D. 安全储存量
9. 企业持有一定量的短期有价证券,主要是为了维护企业资产的流动性和(　　)。
   A. 收益性　　　　　　　　　　　　B. 企业的现金收入
   C. 企业良好的信用　　　　　　　　D. 偿债能力
10. 既要充分发挥应收账款的作用,又要加强应收账款的管理,其核心是(　　)。
    A. 加强销售管理　　　　　　　　　B. 制定适当的信用政策
    C. 采取积极的收账政策　　　　　　D. 尽量采用现款现货
11. 实行资金的归口管理,产成品资金归(　　)管理。
    A. 供应部门　　　B. 生产部门　　　C. 销售部门　　　D. 财务部门
12. 某企业的现金周转率为6次,则其现金周转期为(　　)。
    A. 30天　　　　B. 40天　　　　C. 50天　　　　D. 60天
13. 信用标准一般可用(　　)表示。
    A. 坏账损失率　　B. 信用期限　　C. 折扣期限　　D. 赊销额
14. 下列不影响应收账款机会成本大小的是(　　)。
    A. 赊销净额　　　　　　　　　　　B. 应收账款平均回收期
    C. 坏账损失率　　　　　　　　　　D. 资金成本
15. 现金折扣是公司对提前付款顾客在商品价格上所做的扣减,在是否给客户提供现金折扣优惠的决策中,公司不需要考虑的成本是(　　)。
    A. 机会成本　　　B. 现金折扣成本　　C. 坏账成本　　D. 变动成本

二、多项选择题(每题2分,共30分)

1. 下列属于流动资产的有(　　)。
   A. 现金　　　　B. 短期投资　　　C. 应付账款　　　D. 预付账款
2. 流动资产投资的特点有(　　)。
   A. 变现能力强　　B. 投资风险大　　C. 数量波动大　　D. 收益率高
3. 企业持有现金的动机有(　　)。
   A. 交易动机　　　B. 预防动机　　　C. 投资动机　　　D. 投机动机
4. 现金成本包括(　　)。
   A. 持有成本　　　B. 转换成本　　　C. 短缺成本　　　D. 管理成本
5. 确定最佳现金持有量的周转期法需要考虑的因素有(　　)。
   A. 现金周转率　　B. 现金浮游量　　C. 机会成本　　　D. 现金需要量
6. 现金支出预算的编制依据主要有(　　)。
   A. 直接材料预算　　　　　　　　　B. 直接人工预算
   C. 制造费用预算　　　　　　　　　D. 销售及管理费用预算
7. 企业为了减少应收账款上的资金占用,通常在延长信用期的同时,会考虑是否为客户提供现金折扣,为此,企业需要考虑的相关成本有(　　)。
   A. 机会成本　　　B. 管理成本　　　C. 坏账成本　　　D. 变动成本
8. 确定企业最佳现金持有量的方法有(　　)。
   A. 成本分析模式　　　　　　　　　B. 现金周转模式

C. 存货模式　　　　　　　　　　D. 因素分析模式
9. 利用账龄分析表可了解下列情况:(　　)。
　　A. 信用期内的应收账款数额　　B. 信用期内应收账款的还款日期
　　C. 逾期的应收账款数额　　　　D. 逾期应收账款的还款日期
10. 为了加强企业现金的支出管理,企业可运用的策略有(　　)。
　　A. 力争现金流量同步　　　　　B. 采用零账户方法控制现金的支出
　　C. 合理使用现金"浮游量"　　　D. 在合理范围内尽量推迟付款
11. 在进行经济批量决策时,常常做的假设前提有(　　)。
　　A. 所需存货市场供应充足,并能集中到货
　　B. 存货的价格稳定,且不考虑商业折扣
　　C. 不允许出现缺货
　　D. 企业一定时期的进货总量可以较为准确地预测
12. 在存货的ABC管理中,对存货进行划分的标准有(　　)。
　　A. 存货的金额　　　　　　　　B. 存货的类别
　　C. 存货的大小　　　　　　　　D. 存货的品种数量
13. 客户赊销某产品后能否按期偿还货款主要取决于(　　)。
　　A. 客户的信用品质　　　　　　B. 客户的财务状况
　　C. 企业的收账政策　　　　　　D. 客户能否实现该产品的价值的转换
14. 下列与现金周转期有关的因素有(　　)。
　　A. 存货周转期　　　　　　　　B. 应收账款周转期
　　C. 应付账款周转期　　　　　　D. 生产周期
15. 企业持有应收账款发生的费用包括(　　)。
　　A. 坏账成本　　　　　　　　　B. 管理成本
　　C. 现金折扣　　　　　　　　　D. 机会成本

三、判断题(每题1分,共15分)

1. 流动资产的组成内容不仅表明它在再生产过程中存在的形态,而且反映了流动资产在再生产过程中所处的领域和被占用的特点。　　　　　　　　　　　　　　(　　)
2. 现金是一种非收益性的资产。　　　　　　　　　　　　　　　　　　　　(　　)
3. 信用标准是企业接受客户赊销要求时,客户必须具备的最高财务能力。　　(　　)
4. 企业使用的原材料虽然很多,但各种原材料库存周转储备上的资金是不能相互调剂使用的。　　　　　　　　　　　　　　　　　　　　　　　　　　　　　　(　　)
5. 只要花费必要的收账费用,积极做好收账工作,坏账损失是完全可以避免的。(　　)
6. 催收应收账款的最佳选择是通过法律途径。　　　　　　　　　　　　　　(　　)
7. 为保证企业生产经营所需现金,企业持有的现金越多越好。　　　　　　　(　　)
8. 采购批量越大,持有成本越高,订货成本就越低。　　　　　　　　　　　(　　)
9. 存货管理的目标是以最低的存货成本保证企业生产经营的顺利进行。　　　(　　)
10. 收账政策的优劣在于其坏账损失率的大小。　　　　　　　　　　　　　　(　　)
11. 加速收款是企业提高现金使用效率的重要策略之一,因此,企业要努力把应收账款降低到最低水平。　　　　　　　　　　　　　　　　　　　　　　　　　　(　　)

12. 给客户提供数量折扣的主要目的是降低存货的经济批量。（   ）
13. 在计算最佳现金持有量时，利用成本分析模式和存货模式都需要考虑机会成本，两种模式下的机会成本计算方法是不同的。（   ）
14. 订货点的高低对经济订货量不产生影响，对订货次数也没有影响。（   ）
15. 存货的经济订货批量是指能使全年存货的相关总成本最低的进货数量。（   ）

四、计算分析题（共 40 分）

1. **资料** 某企业预计全年需用现金 2 000 万元，预计的存货周转期为 80 天，应收账款和应付账款周转期均为 60 天。

   要求 计算该企业的最佳现金持有量。（6 分）

2. **资料** 某公司预测的年度赊销收入净额为 2 400 万元，应收账款周转期为 30 天，变动成本率为 60%，资金成本为 8%。

   要求 试计算该企业应收账款的机会成本。（8 分）

3. **资料** 某公司年销售收入净额为 100 万元，其中 55% 的客户在 10 天内付款，另外 45% 的客户在购货后平均 70 天内付款。

   要求 （1）试计算该公司的平均收账期。
   （2）计算该公司应收账款平均占用额。（4 分）

4. **资料** 某企业生产甲产品的固定成本为 80 000 元，变动成本率为 65%。该企业有两种信用标准可供选择，若采用 A 标准：信用条件为"N/30"，则其坏账损失率为 5%，销售收入为 450 000 元，平均收账期为 30 天，可能的收账费用为 3 000 元；若采用 B 标准：信用条件为"N/45"，则其坏账损失率为 10%，销售收入为 600 000 元，平均收账期为 45 天，可能的收账费用为 5 000 元。上述信用条件下企业均不给予折扣，企业投资的最低收益率为 10%。

要求 试对信用标准进行选择。(13分)

5. **资料** 某企业计划年度甲材料耗用总量为7 200千克,每次订货成本为800元,该材料的单价为30元/千克,单位储存成本为3元。

要求 (1) 计算该材料的经济采购批量。
(2) 若供货方提供商业折扣,当一次采购量超过3 600千克时,该材料的单价为28元/千克,计算应一次采购多少较为经济。(9分)

单元六

收入与分配管理

模块一　学会营业收入管理

一、训练与测试要求

基本能力目标

- ◆ 能掌握和运用营业收入预测
- ◆ 会计算保本、保利点预测
- ◆ 能根据计算出的各个方案的保本、保利点，灵活地做出财务决策
- ◆ 能建立为企业积极增收的责任感和主人翁意识，能运用保本保利分析为企业管理决策提供可靠信息

重点

- ◆ 营业收入相关概念的领悟
- ◆ 营业收入预测方法的运用

难点

- ◆ 营业收入预测方法的运用

二、公式整理

三、基本知识训练

(一) 单项选择题

1. (　　)是指企业为促进商品销售而在商品标价上给予的价格扣除。
   A. 现金折扣　　　B. 销售折让　　　C. 商业折扣　　　D. 销售退回
2. (　　)是指债权人为鼓励债务人在规定的期限内付款而向债务人提供的债务扣除。
   A. 现金折扣　　　B. 销售折让　　　C. 商业折扣　　　D. 销售退回
3. (　　)是指企业因售出商品的质量不合格等原因而在售价上给予的减让。
   A. 现金折扣　　　B. 销售折让　　　C. 商业折扣　　　D. 销售退回
4. (　　)是指企业售出的商品由于质量、品种不符合要求等原因而发生的退货。
   A. 现金折扣　　　B. 销售折让　　　C. 商业折扣　　　D. 销售退回
5. 企业已经确认销售商品收入的售出商品发生销售折让的,应当在发生时冲减(　　)销售商品收入。
   A. 销售当期　　　B. 折让当期　　　C. 折让下期　　　D. 销售下期

(二) 多项选择题

1. 造成销售退回与折让的原因是(　　)。
   A. 销售货物　　　　　　　　　　B. 鼓励购货
   C. 商品质量有问题　　　　　　　D. 销售策略
2. 根据历史销量资料,预测未来销量的方法有(　　)。
   A. 经验判断法　　　　　　　　　B. 移动平均法
   C. 算术平均法　　　　　　　　　D. 指数平滑法
3. 影响产品价格的主要因素包括(　　)。
   A. 价格因素　　　　　　　　　　B. 成本因素
   C. 市场供求因素　　　　　　　　D. 政策法规因素
4. 销售商品收入同时满足下列(　　)条件的,才能予以确认。
   A. 企业已将商品所有权上的主要风险和报酬转移给购货方
   B. 企业既没有保留通常与所有权相联系的继续管理权,也没有对已售出的商品实施有效控制
   C. 收入的金额能够可靠地计量,相关的经济利益很可能流入企业
   D. 相关的已发生或将发生的成本能够可靠地计量
5. 提供劳务交易的结果能够可靠估计,是指同时满足下列(　　)条件。
   A. 收入的金额能够可靠地计量
   B. 相关的经济利益很可能流入企业
   C. 交易的完工进度能够可靠地确定
   D. 交易中已发生和将发生的成本能够可靠地计量

(三) 判断题

1. 企业代第三方收取的款项,应当作为负债处理,不应当确认为收入。（　　）
2. 销售商品涉及现金折扣的,应当按照扣除现金折扣后的金额确定销售商品收入金额。（　　）
3. 销售商品涉及商业折扣的,应当按照扣除商业折扣前的金额确定销售商品收入金额。（　　）
4. 企业已经确认销售商品收入的售出商品发生销售折让的,应当在发生时冲减当期销售商品收入。（　　）
5. 企业已经确认销售商品收入的售出商品发生销售退回的,应当在发生时冲减销售当期销售商品收入。（　　）

四、基本能力训练

基本能力训练一

资料　某小型家用电器企业计划生产甲产品,单位售价 230 元,固定成本总额为 160 万元,单位变动成本为 120 元。

要求　计算盈亏平衡点产品销售量。

基本能力训练二

资料　某企业 2022 年 1—5 月份 B 产品的销售额分别为 24 万元、25 万元、24 万元、22 万元、23 万元。

要求　根据算术平均法的计算公式,预测 6 月份的销售额。

基本能力训练三

资料 某企业 2022 年 1—4 月份 C 产品的销售额分别为 20 万元、25 万元、30 万元、28 万元,其权数分别为 0.1、0.2、0.3、0.4。

要求 根据加权平均法的计算公式,计算 5 月份的销售预测值。

基本能力训练四

资料 某企业 2022 年度预计 D 产品销售单价为 1 000 元,销售单位变动成本为 600 元,销售单位税金为 160 元,固定成本总额为 240 000 元,目标利润为 288 000 元。

要求 用量本利分析法分别测算企业保本点销售量、实现目标利润销售量。

基本能力训练五

资料 某小型家用电器企业计划生产甲产品,单位售价 110 元,固定成本总额为 80 万元,单位变动成本为 60 元。假定该企业目标销售利润确定为 20 万元。

要求 试计算实现目标利润的销售量。

基本能力训练六

资料 某企业生产甲产品,本期计划销售量为 5 000 件,目标利润总额为 120 000 元,完全成本总额为 260 000 元,适用的消费税税率为 5%。

要求 根据上述资料,运用目标利润法测算该企业甲产品的价格。

基本能力训练七

资料 某企业生产丙产品,预计单位产品的制造成本为 50 元,计划销售 5 000 件,计划期的期间费用总额为 450 000 元,该产品适用的消费税税率为 5%。成本利润率必须达到 20%。

要求 根据上述资料,运用完全成本加成法测算该企业丙产品的价格。

五、综合能力训练

资料 某企业生产甲产品,设计生产能力为 6 000 件,计划生产 5 000 件,预计单位产品的变动成本为 95 元,计划期的固定成本费用总额为 475 000 元,该产品适用的消费税税率为 5%,成本利润率必须达到 20%。假定本年度接到一额外订单,订购 500 件甲产品,单价 150 元。

要求 根据上述资料,测算企业计划内生产的产品价格是多少,是否应接受这一额外订单?

模块二　学会利润管理

一、训练与测试要求

基本能力目标

- 能明确利润的管理要求
- 能明确影响利润分配的政策因素
- 能熟练运用利润的预测方法
- 能掌握利润分配原则、利润分配政策
- 能在利润分配中守法用法，帮助企业在赚取利润的同时承担社会责任，维护国家利益

重点

- 利润预测方法的应用
- 目标利润的计算
- 利润分配政策的应用

难点

- 利润预测方法的应用
- 利润分配政策理解及应用

二、公式整理

三、基本知识训练

（一）单项选择题

1. 在企业会计的净利润与现金流量不够稳定时,采用(　　)对企业和股东都是有利的。
   A. 剩余政策　　　　　　　　　　　　B. 固定股利政策
   C. 固定股利比例政策　　　　　　　　D. 正常股利加额外股利政策

2. 下列各项股利分配政策中,能保持股利与利润的一定比例关系,体现风险投资与风险收益对等关系的是(　　)。
   A. 剩余政策　　　　　　　　　　　　B. 固定股利政策
   C. 固定股利比例政策　　　　　　　　D. 正常股利加额外股利政策

3. 由于股利波动使外界产生公司经营不稳定印象,不利于股票价格稳定与上涨的是(　　)。
   A. 剩余政策　　　　　　　　　　　　B. 固定股利政策
   C. 固定股利比例政策　　　　　　　　D. 正常股利加额外股利政策

4. 下列各项在利润分配中,优先的是(　　)。
   A. 法定盈余公积金　　　　　　　　　B. 公益金
   C. 优先股股利　　　　　　　　　　　D. 任意盈余公积

5. 一般来说,企业无盈利不得向投资者分配利润,但是用公积金弥补亏损以后,经股东大会特别决议,可按照不超过股票面值(　　)%的比率用公积金向投资者分配股利。
   A. 10　　　　B. 8　　　　C. 6　　　　D. 5

6. 在影响收益分配政策的法律因素中,我国目前相关法律尚未做出规定的是(　　)。
   A. 资本保全约束　　　　　　　　　　B. 资本累积约束
   C. 偿债能力约束　　　　　　　　　　D. 超额累积利润约束

7. 股利支付与公司盈利能力相脱节的股利分配政策是(　　)。
   A. 剩余政策　　　　　　　　　　　　B. 固定股利政策
   C. 固定股利比例政策　　　　　　　　D. 正常股利加额外股利政策

8. 企业采用剩余股利政策进行收益分配的主要优点是(　　)。
   A. 有利于稳定股价　　　　　　　　　B. 获得财务杠杆利益
   C. 降低综合资金成本　　　　　　　　D. 增强公众投资信心

9. 公司以股票形式发放股利,可能带来的结果是(　　)。
   A. 引起公司的资产减少　　　　　　　B. 引起公司负债减少
   C. 引起股东权益内部结构变化　　　　D. 引起股东权益与负债同时变化

10. 发放股票股利的结果是(　　)。
    A. 企业资产增加、企业所有者权益增加　　B. 引起公司负债减少
    C. 企业所有者权益内部结构调整　　　　　D. 企业筹资规模扩大

11. 在股利政策中,灵活性较大,对企业和投资者都较有利的方式是(　　)。
    A. 剩余政策　　　　　　　　　　B. 固定股利政策
    C. 固定股利比例政策　　　　　　D. 正常股利加额外股利政策
12. 下列不能用于分派股利的项目是(　　)。
    A. 盈余公积　　　　　　　　　　B. 资本公积
    C. 税后利润　　　　　　　　　　D. 上年未分配利润
13. 下列不能用来弥补亏损的项目是(　　)。
    A. 盈余公积　　B. 资本公积　　C. 税前利润　　D. 税后利润
14. 不会引起公司资产流出或负债增加的股利支付形式是(　　)。
    A. 现金股利形式　　　　　　　　B. 股票股利形式
    C. 财产股利形式　　　　　　　　D. 证券股利形式
15. 企业在分配收益时,必须按一定的比例和基数提取各种公积金,这一要求体现的是(　　)约束。
    A. 资本保全　　B. 偿债能力　　C. 资本增值　　D. 资本积累

(二) 多项选择题

1. 资本保全约束要求企业发放的股利或投资分红只能来源于企业的(　　)。
    A. 利益　　　　B. 净利润　　　C. 当期利润　　D. 留存收益
2. 采用固定股利政策的理由包括(　　)。
    A. 有利于投资者安排收入与支出　　B. 有利于公司树立良好的形象
    C. 有利于稳定股票价格　　　　　　D. 有利于保持理想的资金结构
3. 下列项目中,不能用于支付股利的有(　　)。
    A. 原始投资　　　　　　　　　　B. 实收资本
    C. 股本　　　　　　　　　　　　D. 上年未分配利润
4. 影响收益分配政策的公司因素包括(　　)。
    A. 公司举债能力　　　　　　　　B. 未来投资机会
    C. 资产流动状况　　　　　　　　D. 筹资成本
5. 以下属于利润分配原则的有(　　)。
    A. 依法分配的原则　　　　　　　B. 分配与积累并重的原则
    C. 成本与效益原则　　　　　　　D. 盈亏自负的原则
6. 股份有限公司向股东分配股利所涉及的重大日期是(　　)。
    A. 股利宣告日　　　　　　　　　B. 股权登记日
    C. 除息日　　　　　　　　　　　D. 股利支付日
7. 固定股利政策一般适用于(　　)。
    A. 收益比较稳定的企业　　　　　B. 正处于成长中的企业
    C. 业绩优良的企业　　　　　　　D. 业绩一般的企业
8. 收益分配剩余政策的优点包括(　　)。
    A. 保持理想的资本结构　　　　　B. 充分利用资金成本最低的资金来源
    C. 收益分配稳定　　　　　　　　D. 有利于公司股票价格的稳定

9. 税后可以作为弥补亏损的资金来源有( )。
   A. 注册资本　　　　　　　　　B. 资本公积金
   C. 盈余公积金　　　　　　　　D. 未分配利润
10. 采用正常股利加额外股利政策的理由是( )。
    A. 向市场传递公司正常发展的信息
    B. 保持理想的资本结构,使综合成本最低
    C. 使股东具有部分经营权
    D. 使依靠股利度日的股东有比较稳定的收入,从而吸引住这部分股东

(三) 判断题

1. 根据"无利不分"的原则,当企业出现年度亏损时,一般不得分配利润。　　( )
2. 较多地支付现金股利,会提高企业资产的流动性,增加现金流量。　　( )
3. 与其他收益分配政策相比,剩余政策能使公司在股利支付上具有较大的灵活性。
   ( )
4. 企业的净利润归投资者所有,这是企业的基本制度,也是企业所有者投资于企业的根本动力所在。　　( )
5. 正确处理投资者利益关系的关键是坚持投资与收益对等原则。　　( )
6. 企业以前年度未分配利润,不得并入本年度的利润向投资者分配,以免企业过度分利。　　( )
7. 在除息日前,股利权从属于股票;从除息日开始,股利权与股票相分离。　　( )
8. 股东出于控制权力考虑,往往限制股利的支付,以防止控制权旁落他人。　　( )
9. 在企业的净利润与现金流量不够稳定时,采用剩余政策对企业和股东都是有利的。
   ( )
10. 采用现金股利形式的企业必须具备两个条件:一是企业要有足够的现金;二是企业要有足够的留存收益。　　( )
11. 发放股票股利会引起每股利润下降,每股市价也有可能下跌,因而每位股东所持股票的市场总值也将下降。　　( )
12. 根据资本保全约束,企业发放的股利或投资分红只能来源于企业的当期利润。
    ( )
13. 对于一个业绩较差的企业来说,收益分配一般采取较松的政策。　　( )
14. 股票股利的发放并不增加股东权益总额,现金股利的发放减少股东权益总额。
    ( )

四、基本能力训练

基本能力训练一

资料　某公司全年利润总额是 2 000 万元,所得税税率为 25%;需要用税后利润弥补的亏损额是 50 万元;公司规定提取法定公积金(提取比例 10%)后,不再提取任意盈余公积;

第二年的投资计划拟需资金 1 200 万元。该公司的目标资金结构为自有资金 60%，借入资金 40%。另外，该公司流通在外的普通股总额为 2 000 万股。

要求 （1）计算该公司当年可发放的股利的额度。

（2）计算在剩余政策下，该公司当年可发放的股利额及每股股利。

基本能力训练二

资料 某公司的产品销路稳定，拟投资 600 万元扩大生产能力。公司想要维护目前 45% 的负债比率，并想继续执行 20% 的固定股利支付率政策。该公司在 2021 年的税后利润为 260 万元。

要求 计算该公司 2022 年扩充生产能力时必须从外部筹借多少权益资本。

基本能力训练三

资料 某企业生产 A 产品和 B 产品，有关产品销售资料如下所示：

产品名称	单位售价/元	单位制造成本/元	销售数量/件	期间费用/元
A 产品	57.5	25	2 000	44 000
B 产品	90	37.5	2 500	

要求 根据以上资料，预计 A、B 产品的目标销售利润。

基本能力训练四

资料 某生产企业从 2019 年至 2021 年销售利润率一直能够稳定在 6% 水平上。经市场调研、预测,该企业在 2022 年主营业务收入可达到 1 180 万元。

要求 计算该企业 2022 年的主营业务目标利润。

基本能力训练五

资料 某企业为了扩大经营项目,经调研后计划生产一批 A 产品(新产品),计划生产成本总额为 30 万元,预计应销比例为 48%。预计成本利润率为 10%。

要求 计算该企业计划年度不可比 A 产品主营业务目标利润。

基本能力训练六

资料 某企业预计需要分红利润 90 000 元,留存利润 80 000 元,公积金和公益金提取率分别为 10% 和 5%,所得税税率为 25%。

要求 计算该企业的目标利润。

五、综合能力训练

综合能力训练一

资料 某公司 2021 年实现的利润总额为 1 000 万元,所得税税率为 25%。以前年度的亏损为 70 万元,公司提取法定盈余公积金后,再提取 3% 任意公积金。2022 年该公司计划投资 400 万元,其目标资金结构维持权益乘数为 2.5 的资金结构。另外,该公司流通在外的普通股为 1 660 万股,无优先股。

要求 (1) 计算该公司 2021 年可发放股利的额度。

(2) 计算剩余政策下,该公司 2021 年可发放的股利额和每股股利。

综合能力训练二

资料 某公司 2020 年提取法定公积金和公益金后的税后利润为 600 万元,法定股利 270 万元。目前,公司的目标资金结构为自有资金占 64%,2021 年拟投资 500 万元;过去 10 年该公司按 45% 的比例从利润中支付股利;预计 2021 年税后净利增长率为 5%。该公司决定若税后净利的增长率达到 5%,其中的 1% 部分作为固定股利的额外股利。该公司如采用下列不同的收益分配政策,请分别计算 2021 年可发放的股利。

要求 (1) 剩余政策下,计算 2021 年可发放的股利。

(2) 固定股利政策下,计算 2021 年可发放的股利。

(3) 固定股利比例政策下,计算 2021 年可发放的股利。

(4) 正常股利加额外股利政策下,计算 2021 年可发放的股利。

单元六测试

一、单项选择题(每题 1 分,共 10 分)

1. 公司以股票形式发放股利,可能带来的结果是(　　)。
   A. 引起公司资产减少　　　　　　　B. 引起公司负债减少
   C. 引起股东权益内部结构变化　　　D. 引起股东权益与负债同时变化

2. 在下列股利分配政策中,能保持股利与利润之间一定的比例关系,并体现风险投资与风险收益对等原则的是(　　)。
   A. 剩余股利政策　　　　　　　　　B. 固定股利政策
   C. 固定股利支付率政策　　　　　　D. 正常股利加额外股利政策

3. 我国上市公司不得用于支付股利的权益资金是(　　)。
   A. 资本公积　　　　　　　　　　B. 任意盈余公积
   C. 法定盈余公积　　　　　　　　D. 上年未分配利润
4. 上市公司按照剩余政策发放股利的好处是(　　)。
   A. 有利于公司合理安排资金结构
   B. 有利于投资者安排收入与支出
   C. 有利于公司稳定股票的市场价格
   D. 有利于公司树立良好的形象
5. 某公司近年来经营业务不断拓展,目前处于成长阶段,预计现有的生产能力能满足未来10年稳定增长的需要,公司希望其股利与公司盈余紧密配合。基于以上条件,最为适宜该公司的股利政策是(　　)。
   A. 剩余股利政策　　　　　　　　B. 固定股利政策
   C. 固定股利支付率政策　　　　　D. 低正常股利加额外股利政策
6. 在下列公司中,通常适合采用固定股利政策的是(　　)。
   A. 收益显著增长的公司　　　　　B. 收益相对稳定的公司
   C. 财务风险较高的公司　　　　　D. 投资机会较多的公司
7. 相对于其他股利政策而言,既可以维持股利的稳定性,又有利于优化资本结构的股利政策是(　　)。
   A. 剩余股利政策　　　　　　　　B. 固定股利政策
   C. 固定股利支付率政策　　　　　D. 低正常股利加额外股利政策
8. 股份制企业的法定盈余公积金不得低于注册资本的(　　)。
   A. 50%　　　　B. 35%　　　　C. 25%　　　　D. 10%
9. 最常见也最容易被投资者接受的股利支付方式为(　　)。
   A. 现金股利　　B. 股票股利　　C. 财产股利　　D. 负债股利
10. "为充分保护投资者的利益,企业必须在有可供分配的留存收益的情况下才进行收益分配"所体现的分配原则是(　　)。
    A. 资本保全原则　　　　　　　　B. 利益兼顾原则
    C. 依法理财原则　　　　　　　　D. 投资与收益对等原则

二、多项选择题(每题2分,共30分)

1. 企业的其他业务收入包括(　　)。
   A. 产品销售或提供劳务收入　　　B. 出售材料收入
   C. 技术转让收入　　　　　　　　D. 固定资产出租收入
2. 形成销售退回与销售折让的原因是(　　)。
   A. 错发货物　　　　　　　　　　B. 鼓励购货
   C. 商品质量的问题　　　　　　　D. 销售策略
3. 股利支付的形式有(　　)。
   A. 现金股利　　B. 股票股利　　C. 财产股利　　D. 负债股利
4. 下列各项中,属于税后利润分配项目的有(　　)。
   A. 法定公积金　　　　　　　　　B. 法定公益金

C. 股利支出 D. 资本公积金
5. 下列各项目按规定可用于转增资本的是( )。
   A. 法定公积金 B. 法定公益金
   C. 资本公积金 D. 未分配利润
6. 营业费用与管理费用均属于期间费用,但两者相比,营业费用通常具有的特点是( )。
   A. 具有更多的固定项目 B. 具有更多的变动项目
   C. 与销售收入联系更为紧密 D. 在期间费用中占的比例较高
7. 计算销售利润时,应从产品销售净收入中扣减的项目有( )。
   A. 产品销售成本 B. 产品销售费用
   C. 管理费用和财务费用 D. 产品销售税金及附加
8. 企业保本点包括( )。
   A. 保本销售量 B. 安全边际率
   C. 安全边际额 D. 保本销售额
9. 固定成本的特点是( )。
   A. 成本总额随业务量变化 B. 成本总额不随业务量变化
   C. 单位成本随业务量变化 D. 单位成本不随业务量变化
10. 保本点是指( )。
    A. 企业损益均衡的销售量 B. 企业利润为0的销售量
    C. 企业保本的销售量 D. 企业保证不发生亏损的最低销售量
11. 下列费用中,属于变动成本的有( )。
    A. 按产量法计算的固定资产折旧费 B. 直接人工
    C. 直接材料 D. 管理人员工资
12. 影响企业边际贡献大小的因素有( )。
    A. 固定成本 B. 销售单价 C. 单位变动成本 D. 销售量
13. 按照资本保全约束的要求,企业发放股利所需资金的来源包括( )。
    A. 当期利润 B. 留存收益 C. 原始投资 D. 股本
14. 公司在制定利润分配政策时应考虑的因素有( )。
    A. 通货膨胀因素 B. 股东因素
    C. 法律因素 D. 公司因素
15. 采用正常股利加额外股利政策的理由是( )。
    A. 向市场传递公司正常发展信息
    B. 保持理想的资本结构,使综合成本最低
    C. 使股东具有部分经营权
    D. 使依靠股利度日的股东有比较稳定的收入,从而吸引住这部分股东

三、判断题(每题1分,共10分)
1. 从理财角度讲,只要能引起企业资产增加就是企业的收入。 ( )
2. 企业利润多少与偿债能力大小没有直接关系。 ( )
3. 本、量、利三因素中任何一个因素的变动都会引起其他两个因素的变动。 ( )

4. 当边际贡献出现递减时企业应减少产销量。（　）
5. 保本点就是企业不盈不亏的产销量。（　）
6. 边际贡献越大,企业盈利越多。（　）
7. 对企业利润影响最大的是固定成本的高低,固定成本越高利润越少。（　）
8. 利润分配政策与企业筹资政策有一定联系。（　）
9. 收益比较稳定或正处于成长期、信誉一般的企业大多采用固定股利政策。（　）
10. 股票股利只是表现为股东权益中留存收益的减少和股本与公积金的增加,并未导致企业资产的流出或负债的增加。（　）

四、计算分析题（共50分）

1. **资料**　某企业2022年1—5月份B产品的销售额分别为48万元、50万元、48万元、44万元、46万元。

   要求　根据算术平均法的计算公式,预测6月份的销售额。(6分)

2. **资料**　某企业2022年1—4月份C产品的销售额分别为40万元、50万元、60万元、56万元,其权数分别为0.1、0.2、0.3、0.4。

   要求　根据加权平均法的计算公式,预测5月份的销售额。(6分)

3. **资料**　某公司预计下年度的税后净利为1 800万元,公司目前的负债比率为40%,预计下年度投资计划总额为1 700万元。

   要求　在保持现有资本结构的前提下,按剩余股利政策确定公司下年度的股利支付率。(8分)

4. **资料** 某公司2021年实现的利润总额为1 000万元,所得税税率为25%。以前年度的亏损为70万元,公司提取法定盈余公积金后,再提取3%的任意公积金。2022年该公司计划投资400万元,其目标资金结构维持权益乘数为2.5的资金结构$\left(权益乘数=\dfrac{资产总额}{股东权益总额}\right)$。另外该公司流通在外的普通股为1 660万股,无优先股。

要求 (1) 计算公司2022年可发放股利的额度。

(2) 计算剩余政策下,公司2022年可发放的股利额和每股股利。(10分)

5. **资料** 某公司2020年全年利润总额为2 000 000元,所得税税率为25%,需要税后利润弥补的亏损额为340 000元,公司按规定提取法定公积金,不再提取任意盈余公积,发放固定股利为510 000元。目前公司的目标资金结构为自有资金占48%,2022年该公司拟投资500 000元,2021年提取了公积金、公益金后的税后净利为1 000 000元,该公司决定若税后净利的增长率达到5%,其中的1%部分作为固定股利的额外股利。该公司2022年税后净利的增长率为6%。

要求 试计算:

(1) 剩余股利政策下,该公司2021年应分配的现金股利。

(2) 固定股利政策下,该公司2021年应分配的现金股利。

(3) 固定股利比例政策下,该公司2021年应分配的现金股利。

(4) 低正常股利加额外股利政策下,该公司2022年应分配的现金股利。(20分)

单元七

财务控制与分析

模块一　认识财务控制

一、训练与测试要求

基本能力目标

- ◆ 能认知财务控制的含义
- ◆ 能熟悉财务控制的分类
- ◆ 能熟知责任控制的内容
- ◆ 能掌握成本中心、利润中心和投资中心的含义
- ◆ 能初步运用责任控制对企业进行管理

重点

- ◆ 能掌握责任控制的含义并进行初步运用

难点

- ◆ 运用责任中心的考核指标对企业进行评价

二、公式整理

三、基本知识训练

（一）单项选择题

1. 对财务活动的结果所进行的分析和评价称为（　　）控制。
   A. 事前　　　　　B. 事中　　　　　C. 事后　　　　　D. 财务
2. 以企业和各责任中心的财务收支活动为对象进行的控制称为（　　）。
   A. 财务控制　　　　　　　　　　　B. 现金控制
   C. 收支控制　　　　　　　　　　　D. 责任控制
3. 对企业财务活动赖以进行的内部环境所实施的总体控制称为（　　）。
   A. 财务控制　　　　　　　　　　　B. 一般控制
   C. 应用控制　　　　　　　　　　　D. 责任控制
4. 可直接向企业外部销售产品，在市场上实现购销业务的责任中心是（　　）。
   A. 自然利润中心　　　　　　　　　B. 人为利润中心
   C. 投资中心　　　　　　　　　　　D. 利润中心

（二）多项选择题

1. 根据企业内部责任中心的权限范围及业务活动的特点不同，责任中心可划分为（　　）。
   A. 成本中心　　　B. 投资中心　　　C. 利润中心　　　D. 收入中心
2. 成本中心的考核指标主要有（　　）。
   A. 成本变动额　　　　　　　　　　C. 成本变动率
   B. 费用变动额　　　　　　　　　　D. 费用变动率
3. 投资中心与利润中心的区别在于（　　）。
   A. 投资中心既要对成本和利润负责，又要对投资效果负责
   B. 投资的目的是获取利润，因此投资中心同时也是利润中心
   C. 投资中心拥有决策权，而利润中心没有
   D. 投资中心承担的责任是最大的
4. 评价利润中心业绩时，可根据具体情况选择（　　）。
   A. 边际贡献　　　　　　　　　　　B. 可控边际贡献
   C. 部门边际贡献　　　　　　　　　D. 税前部门利润

（三）判断题

1. 费用中心通常采用预算总额审批的控制方法。　　　　　　　　　　（　　）
2. 成本中心的应用范围最广，企业内部凡有成本发生，需要对成本负责，并能实施成本控制的单位，都可成为成本中心。　　　　　　　　　　　　　　　　（　　）
3. 成本中心只考核成本费用，不考评利润，但有时会考核收入。　　　（　　）
4. 利润中心只对利润负责，不要对成本负责，即只控制利润，不控制成本。（　　）

模块二　认识财务分析

一、训练与测试要求

基本能力目标

- ◆ 能认知财务分析的意义与内容
- ◆ 能认知反映财务状况和经营成果的指标
- ◆ 能掌握财务分析的基本方法
- ◆ 能熟悉企业综合分析的方法
- ◆ 能运用相关指标对企业进行初步、客观、真实的评价,不弄虚作假,不误导信息决策者和使用者

重点

- ◆ 能掌握财务分析的基本方法

难点

- ◆ 运用相关指标对企业进行初步评价

二、公式整理

三、基本知识训练

(一)单项选择题

1. 以会计核算和报表及其他相关资料为依据,采用一系列专门的技术和方法,对企业财务状况和经营成果进行评价与剖析,为企业的利益相关者了解企业过去、评价企业现状、

预测企业未来并做出正确决策提供准确的信息或依据,被称为(　　)。

　　A. 会计核算　　　B. 会计报告　　　C. 经济分析　　　D. 财务分析

2. 财务分析中最常用、最重要的方法是(　　)。

　　A. 对比分析　　　B. 趋势分析　　　C. 比率分析　　　D. 构成分析

3. 比较分析法中的横向比较,是指用企业分析期的实际数据与(　　)对比分析。

　　A. 上期实际水平　　　　　　　B. 同行业平均水平

　　C. 历史最高水平　　　　　　　D. 上期计划水平

4. 反映企业短期偿债能力的指标是(　　)。

　　A. 流动比率　　　B. 资产负债率　　　C. 利息保障倍数　　　D. 权益乘数

5. 评价企业短期偿债能力强弱最可信的指标是(　　)。

　　A. 流动比率　　　B. 速动比率　　　C. 现金比率　　　D. 产权比率

6. 速动资产较为准确的计算公式是(　　)。

　　A. 速动资产 = 货币资金 + 交易性金融资产

　　B. 速动资产 = 货币资金 + 交易性金融资产 + 应收票据

　　C. 速动资产 = 货币资金 + 交易性金融资产 + 应收票据 + 应收账款

　　D. 速动资产 = 货币资金 + 交易性金融资产 + 应收票据 + 应收账款 + 其他应收款

7. 下列各项业务不会影响流动比率的是(　　)。

　　A. 用现金购买短期债券　　　　B. 用现金购买固定资产

　　C. 从银行取得长期借款　　　　D. 用银行存款归还借款

8. 在下列分析指标中,(　　)属于企业长期偿债能力的分析指标。

　　A. 营业利润率　　　　　　　　B. 总资产报酬率

　　C. 已获利息倍数　　　　　　　D. 速动比率

9. 反映企业负债总额与所有者权益之间的比率称为(　　)。

　　A. 产权比率　　　B. 流动比率　　　C. 负债比率　　　D. 净资产收益率

10. 某企业资产总额年末数 1 163 150 元,流动负债年末数 168 150 元,长期负债年末数 205 000 元,则该企业资产负债率为(　　)。

　　A. 32.08%　　　B. 42%　　　C. 14.46%　　　D. 17.62%

11. 下列财务比率反映营运能力的是(　　)。

　　A. 资产负债率　　　B. 流动比率　　　C. 存货周转率　　　D. 资产报酬率

12. 应收账款周转率是企业一定时期内(　　)与应收账款平均余额的比率,它反映了应收账款流动程度的大小。

　　A. 赊销收入　　　B. 营业利润　　　C. 营业收入　　　D. 现销收入

13. 下列既是企业获利能力指标的核心,又是整个财务指标体系核心的指标是(　　)。

　　A. 销售毛利率　　　　　　　　B. 销售净利率

　　C. 总资产报酬率　　　　　　　D. 净资产收益率

14. 权益乘数是指(　　)。

　　A. 1/(1 – 产权比率)　　　　　　B. 1/(1 – 资产负债率)

　　C. 资产负债率的倒数　　　　　D. 产权比率的倒数

15. 下列属于综合财务分析方法的是( )。
    A. 比率分析法　　B. 比较分析法　　C. 杜邦分析法　　D. 趋势分析法

(二) 多项选择题

1. 财务分析的内容主要包括( )。
    A. 偿债能力分析　　　　　　　　B. 发展能力分析
    C. 盈利能力分析　　　　　　　　D. 营运能力分析
2. 财务分析的主要方法有( )。
    A. 趋势分析法　　　　　　　　　B. 因素分析法
    C. 比较分析法　　　　　　　　　D. 比率分析法
3. 实际工作中,比较分析法常采用的主要形式有( )。
    A. 本期实际指标与本期计划指标比较
    B. 本期实际指标与上期实际指标比较
    C. 本期实际指标与同行业平均水平比较
    D. 本期实际指标与同行业先进水平比较
4. 衡量短期偿债能力的指标主要有( )。
    A. 流动比率　　　　　　　　　　B. 资本保值增值率
    C. 速动比率　　　　　　　　　　D. 现金比率
5. 下列各项指标中,可用来衡量企业长期偿债能力的有( )。
    A. 产权比率　　　　　　　　　　B. 资产负债率
    C. 流动比率　　　　　　　　　　D. 利息保障倍数
6. 关于资产负债率,下列评价正确的有( )。
    A. 从债权人角度看,负债比率越大越好
    B. 从债权人角度看,负债比率越小越好
    C. 从股东角度看,负债比率越大越好
    D. 从股东角度看,当全部资本利润率高于债务利息率时,负债比率越大越好
7. 下列属于营运能力分析指标的有( )。
    A. 利息保障倍数　　　　　　　　B. 流动资产周转率
    C. 总资产周转率　　　　　　　　D. 存货周转率
8. 下列指标中数值越高,表明企业获利能力越强的有( )。
    A. 营业利润率　　　　　　　　　B. 资产负债率
    C. 净资产利润率　　　　　　　　D. 速动比率
9. 从杜邦分析体系中可以得知,提高净资产收益率的途径在于( )。
    A. 加强经营管理,提高负债比率　　B. 加强成本管理,降低成本费用
    C. 加强资产管理,提高资产周转率　　D. 加强销售管理,提高销售净利率
10. 下列对流动资产周转率指标表述正确的有( )。
    A. 在一定时期周转次数越少,流动资产营运能力越强
    B. 该指标是指企业在一定时期内主营业务净收入与全部流动资产平均余额之间的比率

C. 流动资产周转率通常用周转次数、周转天数来表示
D. 反映流动资产利用效益

(三) 判断题

1. 财务分析的不同主体由于利益倾向的差异,决定了在对企业进行财务分析时的要求各不相同。( )
2. 趋势分析法只能用于同一企业不同时期财务状况的纵向比较,不能用于不同企业之间的横向比较。( )
3. 流动比率越高,反映企业短期偿债能力越强,企业财务状况越稳定可靠,所以流动比率越高越好。( )
4. 速动比率较之流动比率更能反映出流动负债偿还的安全性和稳定性,速动比率低的企业流动负债到期绝对不能偿还。( )
5. 已获利息倍数不仅反映了企业获利能力的大小,而且反映了获利能力对偿还到期债务的保证程度。( )
6. 应收账款周转率过高或过低对企业都可能是不利的。( )

四、基本能力训练

基本能力训练一

资料 某企业库存现金 2 万元,银行存款 68 万元,交易性金融资产 80 万元,应收票据 4 万元,应收账款 50 万元,存货 100 万元,流动负债 150 万元。

要求 根据上述资料,计算该企业的流动比率、速动比率和现金比率。

基本能力训练二

资料 某企业 2021 年年末会计报表上部分数据为:流动负债 60 万元,流动比率为 2,速动比率为 1.2,营业成本 100 万元,年初存货 52 万元。

要求 根据上述资料,计算本年度存货周转次数及周转天数。

基本能力训练三

资料 某企业 2021 年年末会计报表资料如下：

单位:万元

项　　目	年　初　数	年　末　数
存　　货	175	185
应收账款	70	78
资　　产	430	460
所有者权益	200	240

本年营业收入净额为 518 万元,营业成本为 360 万元,利润总额为 52 万元,净利润为 32 万元,本年利息费用为 8 万元。

要求 计算(1) 应收账款周转率;(2) 存货周转率;(3) 利息保障倍数;(4) 总资产报酬率;(5) 净资产收益率。

单元七 测试

一、单项选择题(每题 2 分,共 20 分)

1. 以企业和各责任中心的现金收支活动为对象进行的控制称为(　　)。
   A. 预算控制　　　　B. 收支控制　　　　C. 现金控制　　　　D. 制度控制
2. 成本中心是指对(　　)承担责任的中心。
   A. 成本费用　　　　B. 收入　　　　　　C. 利润　　　　　　D. 投资
3. 财务分析中最基本的方法是(　　)。
   A. 比较分析法　　　B. 趋势分析法　　　C. 比率分析法　　　D. 因素分析法
4. 某企业存货期初、期末余额分别为 280 000 元和 320 000 元,营业成本为 600 000 元,则存货周转率是( )。

　　A. 1.00　　　　　　B. 2.14　　　　　　C. 1.875　　　　　　D. 2.00

5. 下列财务比率反映营运能力的是( )。

　　A. 资产负债率　　　　　　　　　B. 流动比率

　　C. 应收账款周转率　　　　　　　D. 资产报酬率

6. 计算总资产报酬率指标时的利润是指( )。

　　A. 利润总额　　　B. 息税前利润　　　C. 净利润　　　D. 营业利润

7. 某企业的资产负债率为60%,销售收入为1 500万元,净利润为180万元,平均资产总额为1 800万元,该企业的净资产利润率为( )。

　　A. 31%　　　　　　B. 21%　　　　　　C. 25%　　　　　　D. 26%

8. 产权比率为3/4,则权益乘数为( )。

　　A. 4/3　　　　　　B. 7/4　　　　　　C. 7/3　　　　　　D. 3/4

9. 净资产收益率 = ( )×总资产周转率×权益乘数。

　　A. 销售毛利率　　B. 成本费用利润率　　C. 销售净利率　　D. 总资产报酬率

10. 流动资产周转天数指标的计算公式是( )。

　　A. 流动资产周转率÷360

　　B. 流动资产周转次数÷360

　　C. 流动资产周转额÷流动资产周转次数

　　D. 计算期天数÷流动资产周转率(或流动资产周转次数)

二、多项选择题(每题2分,共10分)

1. 根据企业内部责任中心的权限范围及业务活动的特点,企业的责任中心可划分为( )。

　　A. 成本中心　　　B. 利润中心　　　C. 投资中心　　　D. 费用中心

2. 对速动比率指标,下列表述正确的有( )。

　　A. 指标值大于1,说明企业偿债能力差

　　B. 反映企业速动资产与流动负债之间的比率关系

　　C. 经验理想值为1,说明企业有偿债能力

　　D. 衡量企业流动资产中可以立即用于偿还流动负债的能力

3. 流动比率为120%,则赊购材料一批(不考虑增值税),将会导致( )。

　　A. 流动比率提高　　　　　　　　B. 流动比率降低

　　C. 流动比率不变　　　　　　　　D. 速动比率降低

4. 关于资产负债率,下列评价正确的有( )。

　　A. 从债权人角度看,负债比率越小越好

　　B. 从债权人角度看,负债比率越大越好

　　C. 从股东角度看,负债比率越大越好

　　D. 从股东角度看,当全部资本利润率高于债务利息率时,负债比率越大越好

5. 在其他条件不变的情况下,会引起总资产周转率指标上升的经济业务是( )。

　　A. 用现金偿还负债　　　　　　　B. 借入一笔短期借款

　　C. 用银行存款购入一台设备　　　D. 用银行存款支付一年的电话费

三、判断题(每题 2 分,共 10 分)

1. 利润中心可分为自然利润中心和人为利润中心,它们都具有很强的独立性,能独立控制成本并取得利润。( )
2. 投资中心既要对成本和利润负责,也要对投资效果负责,因此投资中心同时也是利润中心。( )
3. 比率分析法计算简便,计算结果容易判断,可以使某些指标在不同规模的企业之间进行对比,甚至在一定程度上能超越行业差别进行比较。( )
4. 在总资产报酬率不变的情况下,资产负债率越高,净资产收益率越低。( )
5. 资产负债率与产权比率的主要区别是:前者侧重于分析债务偿付安全性的物质保证程度,后者侧重于揭示财务结构的稳健程度以及自有资金对偿债风险的承受能力。( )

四、计算分析题(60 分)

1. **资料** 甲公司是一家上市公司,2021 年的资产负债表如下:

2021 年 12 月 31 日　　　　　　　　　　　　　　　　　　　单位:万元

资产		负债及所有者权益	
项　目	金　额	项　目	金　额
流动资产	655	流动负债	290
固定资产	1 570	长期借款	540
无形资产	13	应付债券	225
其他长期资产	5	长期负债合计	765
		股东权益	1 188
资产合计	2 243	负债及股东权益合计	2 243

要求 根据上述资料,计算该公司的资产负债率、产权比率,并对该企业的长期偿债能力做出评价。(8 分)

2. **资料** 三友公司 2021 年财务报表有关数据如下:
(1) 利润有关数据(单位:元):营业收入净额 80 000 元;利息费用 4 500 元;产品营业成本 41 130 元;利润总额 18 800 元;净利润 6 204 元。

(2) 资产负债表如下：

资产负债表

2021 年 12 月 31 日　　　　　　　　　　　　　　　　　　　　　　　　　　单位：元

资　　产	年初数	年末数	负债和所有者权益	年初数	年末数
流动资产：			流动负债：		
货币资金	12 500	3 750	短期借款	9 162.5	15 725
			应付账款	5 000	10 525
应收款项净额	21 250	18 750	流动负债合计	14 162.5	26 250
			长期负债	15 000	18 750
存货	1 612.5	18 750	所有者权益：		
			股本	11 250	11 250
流动资产合计	35 362.5	41 250	资本公积	13 500	13 625
			盈余公积	6 450	6 475
固定资产净值	41 000	41 250	未分配利润	6 000	6 150
			所有者权益合计	37 200	37 500
资产总计	66 362.5	82 500	负债与所有者权益	66 362.5	82 500

要求　根据上述资料，计算三友公司 2021 年的下列指标：(1) 流动比率；(2) 速动比率；(3) 现金比率；(4) 应收账款周转次数；(5) 存货周转天数；(6) 资产负债率；(7) 产权比率；(8) 已获利息倍数。(52 分)

财务管理能力综合测试(一)

一、单选题(每题1分,共10分)

1. 企业实施了一项狭义的"资金分配"活动,由此而形成的财务关系是( )。
   A. 企业与投资者之间的财务关系　　B. 企业与受资者之间的财务关系
   C. 企业与债务人之间的财务关系　　D. 企业与供应商之间的财务关系

2. 某公司从本年度起每年年末存入银行一笔固定金额的款项,若按复利制用最简便算法计算第 n 年年末可以从银行取出的本利和,则应选用的时间价值系数是( )。
   A. 复利终值系数　　　　　　　　　B. 复利现值系数
   C. 普通年金终值系数　　　　　　　D. 普通年金现值系数

3. 某年初存入银行10 000元,假定年利息率为12%,每年复利两次,已知$(F/P,6\%,5)=1.338\ 2$,$(F/P,6\%,10)=1.790\ 8$,$(F/P,12\%,5)=1.762\ 3$,$(F/P,12\%,10)=3.105\ 8$,则第5年年末的本利和为( )。
   A. 13 382　　　　B. 17 623　　　　C. 17 908　　　　D. 31 058

4. 某公司全部资本为100万元,负债比率为40%,负债利率为10%,息税前利润为14万元,则该公司的财务杠杆系数为( )。
   A. 1.4　　　　　　B. 1　　　　　　C. 1.2　　　　　　D. 1.3

5. 下列因素引起的风险中,投资者可以通过资产组合予以消减的是( )。
   A. 世界能源状况变化　　　　　　　B. 宏观经济状况的变化
   C. 发生经济危机　　　　　　　　　D. 被投资企业出现经营失误

6. 关于 β 系数,下列说法正确的是( )。
   A. 资产组合的 β 系数是所有单项资产 β 系数之和
   B. 某项资产的 β 系数 = 该项资产的风险收益率 ÷ 市场组合的风险收益率
   C. 某项资产的 β 系数 = 该项资产收益率与市场组合收益率的协方差 ÷ 市场组合收益率的标准差
   D. 当 β 系数为0时,表明该资产没有风险

7. 在企业会计的净利润与现金流量不够稳定时,采用( )对企业和股东都是有利的。
   A. 剩余政策　　　　　　　　　　　B. 固定股利政策
   C. 固定股利比例政策　　　　　　　D. 正常股利加额外股利政策

8. 下列项目不能用于分派股利的是(　　)。
   A. 盈余公积　　　　　　　　　　B. 资本公积
   C. 税后利润　　　　　　　　　　D. 上年未分配利润
9. 以下(　　)会提高企业的已获利息倍数。
   A. 贷款购买厂房　　　　　　　　B. 宣布并支付现金股利
   C. 所得税税率降低　　　　　　　D. 成本下降利润增加
10. 财务分析的一般目的不包括(　　)。
    A. 财务风险分析　　　　　　　　B. 评价过去的经营业绩
    C. 衡量现在的财务状况　　　　　D. 预测未来的发展趋势

二、多选题(每题2分,共20分)

1. 所有者通过经营者损害债权人利益的常见形式是(　　)。
   A. 未经债权人同意发行新债券
   B. 未经债权人同意向银行借款
   C. 投资于比债权人预计风险要高的新项目
   D. 不尽力增加企业价值
2. 下列表述中,正确的有(　　)。
   A. 复利终值系数和复利现值系数互为倒数
   B. 普通年金终值系数和普通年金现值系数互为倒数
   C. 普通年金值终系数和偿债基金系数互为倒数
   D. 普通年金现值系数和资本回收系数互为倒数
3. 下列关于市场组合的说法正确的是(　　)。
   A. 市场组合的风险就是市场风险
   B. 市场组合的收益率就是市场平均收益率
   C. 市场组合的 β 系数为1
   D. 市场组合的收益率高于市场平均收益率
4. 股份有限公司向股东分配股利所涉及的重大日期是(　　)。
   A. 股利宣告日　　B. 股权登记日　　C. 除息日　　D. 股利支付日
5. 企业预防性现金数额大小,(　　)。
   A. 与企业现金流量的可预测性成反比　　B. 与企业借款能力成反比
   C. 与企业业务交易量成反比　　　　　　D. 与企业偿债能力成正比
6. 下列属于存货的储存变动成本的有(　　)。
   A. 存货占用资金的应计利息　　　　　　B. 紧急额外购入成本
   C. 存货的破损变质损失　　　　　　　　D. 存货的保险费用
7. 股利支付方式有多种,常见的有(　　)。
   A. 现金股利　　B. 股票股利　　C. 财产股利　　D. 负债股利
8. 在计算速动比率时,要把存货从流动资产中剔除出去的主要原因有:(　　)。
   A. 存货中可能部分是抵押品

B. 在流动资产中存货变现速度最慢
C. 存货的账面价值可能与真实市价存在差异
D. 存货在流动资产中所占比重最大
9. 完整的项目计算期包括(　　)。
　　A. 建设期　　　B. 试产期　　　C. 达产期　　　D. 运行期
10. 财务综合分析方法包括(　　)。
　　A. 杜邦财务分析体系　　　　　　B. 沃尔比得评分法
　　C. 因素分析法　　　　　　　　　D. 比率分析法

三、判断题(每题 1 分,共 10 分)

1. 递延年金现值的大小与递延期无关,故计算方法和普通年金现值是一样的。(　)
2. 企业的固定成本越大,经营杠杆系数越小,企业的经营风险也越小。(　)
3. 证券组合理论认为包含不同股票的投资组合可以降低风险,股票的种类越多,风险越小,包括全部股票的投资组合风险为 0。(　)
4. 与其他收益分配政策相比,剩余政策能使公司在股利支付上具有较大的灵活性。(　)
5. 市场上短期国库券利率为 5%,通货膨胀率为 2%,实际市场利率为 10%,则风险报酬率为 3%。(　)
6. 在折扣期内将应付账款用于短期投资,当所得的投资收益率高于放弃折扣的隐含利息成本时,则不应享受折扣。(　)
7. 存货年需要量、单位存货年储存变动成本和单价的变动会引起经济订货量占用资金同方向变动;每次订货的变动成本变动会引起经济订货量占用资金反方向变动。(　)
8. 股票分割后,各股东持有股数增加,持有股数的比例和股票总价值增加。(　)
9. 因为现金的管理成本是相对固定的,所以在确定现金最佳持有量时,可以不考虑它的影响。(　)
10. 企业的应收账款按规定作为坏账损失处理后,企业与欠款人之间的债权债务关系因此而解除。(　)

四、计算分析题(共 60 分)

1. **资料**　企业拟以 100 万元进行投资,现有 A 和 B 两个互斥的备选项目,假设各项目的收益率呈正态分布,具体如下:

经济情况	概率	A 项目预期收益率	B 项目预期收益率
繁荣	0.2	100%	80%
复苏	0.3	30%	20%
一般	0.4	10%	12.5%
衰退	0.1	−60%	−20%

要求　（1）分别计算 A、B 项目预期收益率的期望值、标准离差和标准离差率，并根据标准离差率做出决策。(3 分)

（2）如果无风险报酬率为 6%，风险价值系数为 10%，请分别计算 A、B 项目的期望投资收益率，并据以决策。(7 分)

2. **资料**　某公司资金总额为 1 500 万元，其中发行普通股为 100 万股，股本总额为 1 000 万元，公司债券 500 万元，年利率为 5%。公司拟再筹资 500 万元进行扩大再生产，现有两个筹资方案：一是发行普通股 40 万股，发行价 12.5 元/股；二是平价发行公司债券 500 万元，年利率为 6%，该公司所得税为 40%。

要求　（1）分析两种筹资方案的差别。(5 分)

（2）经预测，该公司下年度的息税前利润为 300 万元，判断该公司应选择哪种追加筹资方案。(7 分)

3. **资料**　某企业年销售额为 300 万元，税前利润 72 万元，固定成本 40 万元，变动成本率为 60%，全部资本为 200 万元，负债比率 40%，负债利率 10%。

要求　计算该企业的经营杠杆系数、财务杠杆系数、总杠杆系数。(6 分)

4. **资料** 某公司第一年股利为 1.2 元,每年以 7% 的速率增长,公司股票的 β 系数为 1.2,如果无风险收益率为 5%,市场的平均收益率为 12%。

要求 计算该股票市场价值应该是多少。(6 分)

5. **资料** 希望公司预计 2022 年全年(一年按 360 天计算)需要现金 450 000 元,现金与有价证券的转换成本为每次 625 元,有价证券的年利率为 10%。

要求 (1) 计算最佳现金持有量。(2 分)

(2) 计算转换成本及持有机会成本。(2 分)

(3) 计算有价证券交易次数。(2 分)

(4) 计算最低现金管理相关总成本。(2 分)

6. **资料** 某企业预测 2022 年度销售收入净额为 4 500 万元,现销与赊销比例为 1∶4,应收账款平均收账天数为 60 天,变动成本率为 50%,企业的资金成本率为 10%。一年按 360 天计算。

要求 (1) 计算 2022 年度赊销额。(2 分)

(2) 计算 2022 年度应收账款的平均余额。(2 分)

(3) 计算 2022 年度维持赊销业务所需要的资金额。(2 分)

(4) 计算 2022 年度应收账款的机会成本额。(2 分)

(5) 若 2022 年应收账款需要控制在 400 万元,在其他因素不变的条件下,计算应收账款平均收账天数应调整为多少天。(2 分)

7. 资料 已知甲方案的净现金流量为：$NCF_0 = -800$ 万元，$NCF_1 = -200$ 万元，$NCF_2 = 0$ 万元，$NCF_{3\sim11} = 250$ 万元，$NCF_{12} = 280$ 万元。假定经营期不发生追加投资，该公司所在行业的基准折现率为16%。部分资金时间价值系数如下：

t	1	2	9	11	12
$(P/F, 16\%, t)$	0.862 1	0.743 2	0.263 0	0.195 4	0.168 5
$(P/A, 16\%, t)$	0.862 1	1.605 2	4.606 5	5.028 6	5.197 1

要求 （1）确定甲方案的建设期、经营期、项目计算期、原始总投资，并说明资金投入方式。（5分）

（2）计算甲方案的下列指标：

① 不包括建设期的静态投资回收期。（1分）

② 包括建设期的静态投资回收期。（1分）

③ 净现值（结果保留小数点后一位小数）。（1分）

财务管理能力综合测试(二)

一、单选题(每题 1 分,共 15 分)

1. 现代财务管理的最优目标是(　　)。
   A. 利润最大化　　　　　　　　　　B. 企业价值最大化
   C. 风险最小化　　　　　　　　　　D. 效益最大化

2. 假定甲公司向乙公司赊销产品,并持有丙公司的债券和丁公司的股票,且向戊公司支付公司债券利息,假定不考虑其他条件,从甲公司的角度看,下列各项中,属于本公司与债权人之间财务关系的是(　　)。
   A. 甲公司与乙公司之间的关系
   B. 甲公司与丙公司之间的关系
   C. 甲公司与丁公司之间的关系
   D. 甲公司与戊公司之间的关系

3. 在没有通货膨胀的条件下,纯利率是指(　　)。
   A. 投资期望收益率　　　　　　　　B. 银行贷款基准利率
   C. 社会实际平均收益率　　　　　　D. 没有风险的均衡点利率

4. 某企业按年利率9%向银行借款2 000万元,银行要求保留10%的补偿性余额,则该借款的实际利率为(　　)。
   A. 9%　　　　　B. 10%　　　　　C. 11%　　　　　D. 12.5%

5. 如果两个投资项目预期收益的标准差相同,而期望值不同,那么这两个项目(　　)。
   A. 预期收益相同　　　　　　　　　B. 预期收益不同
   C. 风险相同　　　　　　　　　　　D. 风险不同

6. 某企业拟以(2/20,N/40)的信用条件购进原材料一批,则企业放弃现金折扣的成本为(　　)。
   A. 2%　　　　　B. 36.73%　　　　C. 18%　　　　　D. 36%

7. 最佳资本结构是指企业在一定时期(　　)。
   A. 企业利润最大的资本结构
   B. 企业目标资本结构
   C. 加权平均资本成本与风险适中的目标资本结构
   D. 加权平均资本成本最低、企业价值最大的资本结构

8. 某企业计划投资10万元建一条生产线,预计投资后每年可获净利1.5万元,固定资产的年折旧率为10%,则投资回收期为(   )。
   A. 3年　　　　B. 5年　　　　C. 4年　　　　D. 6年
9. 在证券投资中,因通货膨胀带来的风险是(   )。
   A. 违约风险　　B. 利率风险　　C. 购买力风险　　D. 经营风险
10. 某公司发行5年期债券,债券的面值为1 000元,票面利率为5%,每年付息一次,到期还本,投资者要求的必要报酬率为6%,则该债券的价值为(   )元。
    A. 784.67　　B. 943.13　　C. 1 000　　D. 957.92
11. 在企业应收账款管理中,明确规定了信用期限、折扣期限和现金折扣率等内容的是(   )。
    A. 信用条件　　B. 收账政策　　C. 信用等级　　D. 客户资信程度
12. 股利支付与公司盈利能力相脱节的股利分配政策是(   )。
    A. 剩余股利政策　　　　　　B. 固定股利政策
    C. 固定股利比例政策　　　　D. 正常股利加额外股利政策
13. 权益乘数表示企业负债的程度,权益乘数越大,企业负债程度(   )。
    A. 越高　　B. 越低　　C. 不确定　　D. 为0
14. 股东权益报酬率 =(   )×总资产周转率×权益乘数。
    A. 资本净利率　　B. 销售毛利率　　C. 销售净利率　　D. 成本利润率
15. 基金的发行价等于(   )。
    A. 基金单位净额 + 发行手续费　　B. 基金单位净额 – 发行手续费
    C. 基金单位资产额 + 发行手续费　　D. 基金单位资产额 – 发行手续费

二、多项选择题(每题2分,共20分)

1. 关于投资者要求的期望投资报酬率,下列说法正确的有(   )。
   A. 风险程度越高,要求的报酬率越低
   B. 无风险报酬率越高,要求的期望投资报酬率越高
   C. 无风险报酬率越低,要求的期望投资报酬率越高
   D. 风险程度越高,要求的期望投资报酬率越高
2. 相对于权益资金的筹资方式而言,长期借款筹资的缺点主要有(   )。
   A. 财务风险较大　　　　　　B. 资金成本较高
   C. 筹资数额有限　　　　　　D. 筹资速度较慢
3. 下列筹资活动会加大财务杠杆作用的是(   )。
   A. 增发普通股　　　　　　　B. 利用留存收益
   C. 增发公司债券　　　　　　D. 增加银行借款
4. 证券投资组合的策略有(   )。
   A. 保守型策略　　B. 冒险型策略　　C. 适中型策略　　D. 稳健型策略
5. 债券投资能够给投资者带来的现金流入量是(   )。
   A. 买卖差价　　B. 股利　　C. 利息　　D. 本金(出售价)

6. 与应收账款机会成本有关的因素是(　　)。
   A. 应收账款平均余额　　　　　　B. 变动成本率
   C. 销售成本率　　　　　　　　　D. 资金成本率
7. 影响速动比率的因素有(　　)。
   A. 应收账款　　B. 存货　　C. 短期借款　　D. 预付账款
8. 下列分析方法中,属于财务综合分析方法的是(　　)。
   A. 趋势分析法　　　　　　　　　B. 杜邦分析法
   C. 沃尔比重评分法　　　　　　　D. 因素分析法
9. 企业根据情况可以选用的股利政策有(　　)。
   A. 剩余股利政策　　　　　　　　B. 固定股利支付率政策
   C. 固定股利政策　　　　　　　　D. 低正常股利加额外股利政策
10. 实际工作中,比较分析法常采用的主要形式有(　　)。
    A. 本期实际指标与本期计划指标比较
    B. 本期实际指标与上期实际指标比较
    C. 本期实际指标与同行业平均水平比较
    D. 本期实际指标与同行业先进水平比较

三、判断题(每题1分,共10分)

1. 在协调所有者与经营者矛盾的方法中,接收是一种通过所有者来约束经营者的方法。(　　)
2. 年金是指每隔一年,金额相等的一系列收入款项或付出款项。(　　)
3. 一定的筹资方式可能只适用于某一特定的渠道,而同一渠道的资金也往往只采取相同的筹资方式取得。(　　)
4. 补偿性余额的约束,有助于降低银行贷款风险,企业借款的实际利率高于名义利率。(　　)
5. 由于经营杠杆的作用,当息税前利润下降时,普通股每股收益会下降得更快。(　　)
6. 若债券利息率、筹资费率和所得税税率均已确定,则企业的债券资金成本率与发行债券的价格无关。(　　)
7. 企业制定收账政策要在增加收账费用与减少坏账损失、减少应收账款机会成本之间进行权衡,若前者大于后者,说明制定的收账政策是可行的。(　　)
8. 在存货 ABC 分类管理模式下,应当重点管理的是品种数量不多但金额很大的那部分存货。(　　)
9. 一小型家用电器企业计划生产甲产品,单位售价270元,固定成本总额为160万元,单位变动成本为110元,则其盈亏平衡点的产品销售量为10 000。(　　)
10. 速动比率较之流动比率更能反映出流动负债偿还的安全性和稳定性,速动比率低的企业流动负债到期绝对不能偿还。(　　)

四、计算分析题（共 55 分）

1. **资料** 某人购买商品房，有三种付款方式：
（1）每年年初支付购房款 100 000 元，连续支付 6 年。
（2）从第 4 年的年末开始，在每年的年末支付房款 150 000 元，连续支付 5 年。
（3）现在支付房款 100 000 元，以后在每年年末支付房款 90 000 元，连续支付 5 年。
要求 分析在市场资金收益率为 14% 的条件下应该选择何种付款方式。（10 分）

2. **资料** 某公司在 2021 年度的销售收入为 160 万元，销售净利率为 15%，股利发放率为 60%，随销售收入变动的资产占销售收入的比例为 45%，随销售收入变动的负债占销售收入的比例为 15%，计划 2022 年的销售收入比 2021 年增加 40 万元，销售净利率和股利发放率与 2021 年相同，新增投资项目所需资金 15 万元。
要求 测算该公司 2022 年对外筹集资金量。（5 分）

3. **资料** 某企业计划利用一笔长期资金投资购买股票,现在有 A、B 两种股票可供选择。A 股票现行市价为 8 元/股,上年每股股利为 0.15 元,预计以后每年以 6% 的增长率增长;B 股票现行市价为 7 元/股,上年每股股利为 0.6 元,采用固定股利政策。该企业所要求的必要投资报酬率为 8%。

要求 (1) 利用股票估价模型,分别计算 A、B 两种股票的内在价值。(6 分)

(2) 如果该企业只投资一种股票,请对这两种股票进行分析与决策。(1 分)

4. **资料** 某企业预测 2022 年度销售收入净额为 4 500 万元,现销与赊销比例为 1∶4,应收账款平均收账天数为 60 天,变动成本率为 50%,企业的资金成本率为 10%。一年按 360 天计算。

要求 (1) 计算该企业 2022 年的赊销额。(1 分)

(2) 计算该企业 2022 年应收账款的平均余额。(1 分)

(3) 计算该企业 2022 年维持赊销业务所需要的资金额。(2 分)

(4) 计算该企业 2022 年应收账款的机会成本。(2 分)

(5) 如果 2022 年的应收账款需要控制在 400 万元,在其他因素不变的情况下,计算该企业应收账款平均收账天数应调整为多少天。(2 分)

5. **资料** 某企业计划筹集资金 100 万元,所得税税率为 25%。有关资料如下:

(1) 向银行借款 10 万元,借款年利率 7%,手续费 2%。

(2) 按溢价发行债券,债券面值 14 万元,溢价发行价格为 15 万元,票面利率 9%,期限为 5 年,每年支付一次利息,其筹资费率为 3%。

(3) 发行优先股 25 万元,预计年股利率为 12%,筹资费率为 4%。

(4) 发行普通股 40 万元,每股发行价格 10 元,筹资费率为 6%。预计第一年每股股利 1.2 元,以后每年按 8% 递增。

(5) 其余所需资金通过留存收益取得。

要求 (1) 计算个别资金成本。(5 分)

(2) 计算该企业的综合资金成本。(5 分)

6. **资料** 某完整工业投资项目原始总投资 650 万元,其中:固定资产投资 500 万元,流动资产投资 100 万元,其余为无形资产投资。全部投资均为自有资金,项目建设期 2 年,经营期 10 年,除流动资金投资在项目完工时投入外,其余资金均于建设起点一次投入。固定资产按直线法计提折旧,期满有净残值 40 万元,无形资产从投产年份起分 10 年摊销完毕,流动资金于终结点一次收回。预计项目投产后每年营业收入和经营成本分别为 380 万元和 129 万元。所得税税率为 25%。

要求 计算该项目下列指标:

(1) 项目计算期,无形资产投资额,固定资产年折旧额,无形资产年摊销额。(3 分)

(2) 项目各年的净现金流量。(3 分)

(3) 如果该项目的折现率为 10%,请计算该项目的净现值、净现值率和获利指数。(6 分)

(4) 根据(3)计算的结果评价项目的可行性。(3 分)